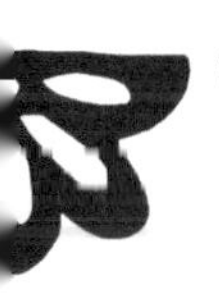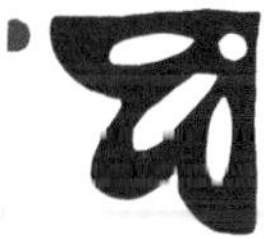

¡Bienvenido!

Bienvenido al manual de lettering a mano para principiantes, ¡futuro rotulista! Seguramente, tendrás muchas preguntas sobre este arte. "¿Cómo puedo empezar?" "¿Qué instrumentos necesito?" "¿Qué es una línea base?" No te preocupes. En este libro se responderán todas ellas. Asimismo, encontrarás muchos espacios para practicar, además de un enlace para descargar páginas adicionales de ejercicios.

Por otro lado, tal vez te preguntes qué es el lettering, y la respuesta es sencillísima. Se trata, en pocas palabras, del arte de dibujar letras. Se utiliza para todo, desde carteles de tiendas a invitaciones de fiestas, pasando por tarjetas de felicitación y hasta menús de banquetes. ¡Se trata de una habilidad increíblemente versátil y entretenida!

Existen muchas variedades y estilos diferentes de este arte, como la caligrafía, la monolínea y el brush lettering, ¡por mencionar solo algunos! A continuación, explicaremos los detalles de todos ellos.

Debido a todos sus términos, técnicas y estilos, la escritura a mano puede parecer algo intimidante, sin embargo, con la suficiente práctica, todos pueden dominar este arte. Es decir que, independientemente de que tu escritura manuscrita sea excelente o quizás no tanto, sacarás provecho de este libro y aprenderás una nueva habilidad. ¡Este manual está aquí para iniciarte en este camino!

¡COMENCEMOS NUESTRO VIAJE POR LAS LETRAS!

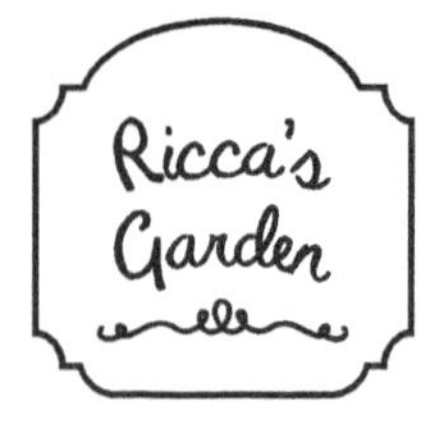

ricca_garden

info@riccagarden.com

Publicado y diseñado en Brisbane, Australia

Primera publicación: Enero, 2022

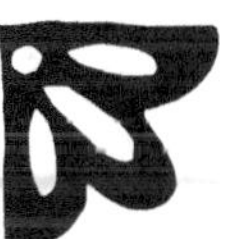
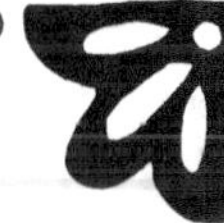

¡Descargas gratuitas!

¿Necesitas más páginas para practicar? Tienes suerte. Al comprar este libro, podrás obtener un enlace para descargar páginas de práctica adicionales, papel rayado y más artículos de lettering para tu experiencia con las letras a mano. Simplemente escanea el código QR de abajo o escribe: riccagarden.com/lettering_workbook en tu navegador de Internet. Luego, introduce tu correo electrónico y recibirás un enlace.

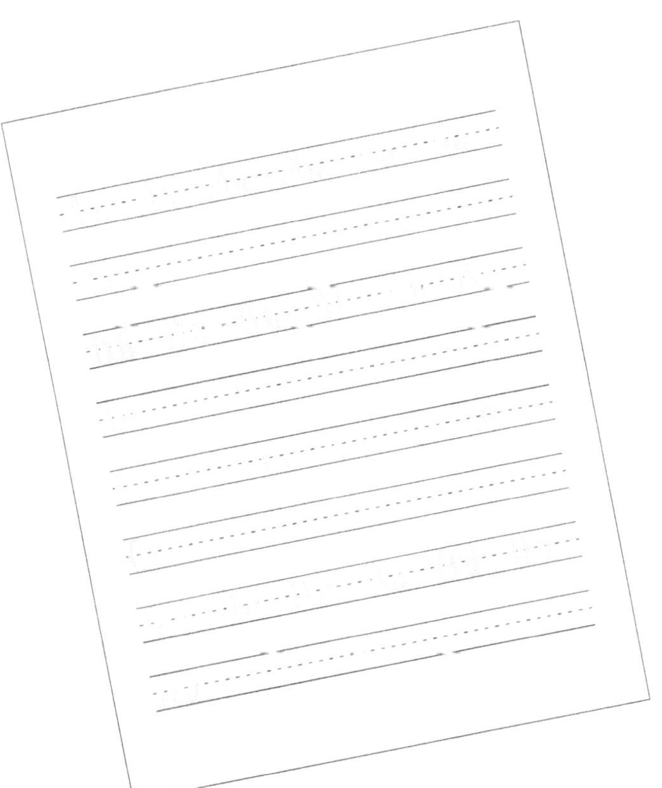

ESCANEA AQUÍ

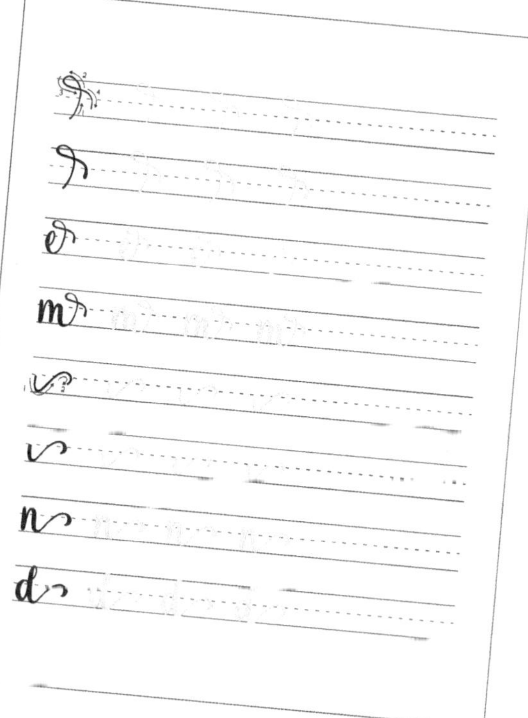

¡Feliz lettering!

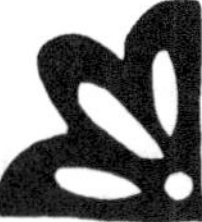

Índice

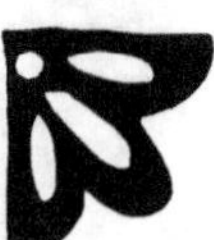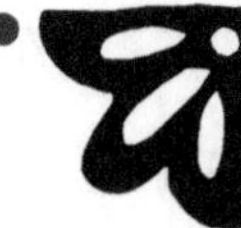

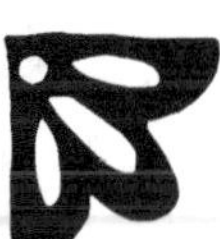
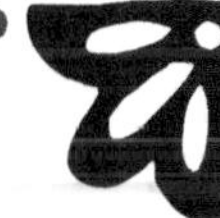

Todo lo que necesitas saber para empezar

En primer lugar, antes de entrar a fondo en el tema, debemos dejar un par de cosas claras. ¿Recuerdas esas preguntas que te hacías? Este sería un buen momento para formularlas. Prepárate; hay mucho para ver. Pero no te dejes apabullar por ello. Siempre podrás consultar estas páginas en caso de tener alguna duda.

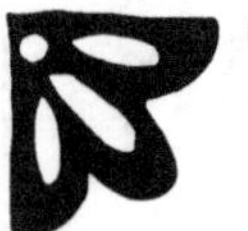
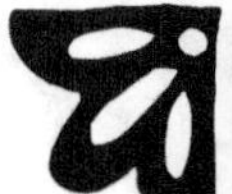

DIFERENCIAS ENTRE EL LETTERING A MANO Y LA CALIGRAFÍA

Cuando recién comenzamos, podemos preguntarnos si realmente existe una diferencia entre ambas. La mayor parte de las veces, los dos términos son utilizados indistintamente cuando, de hecho, no son indistintos, ¡Definitivamente existe una diferencia entre ellos!

LETTERING A MANO

Es una forma de escritura en la que las letras se dibujan en lugar de escribirse. Resulta más fácil de aprender y personalizar, ya que puedes ajustar el estilo. A diferencia de la caligrafía, las reglas son mucho más flexibles, lo que otorga libertad creativa. Para practicar lettering a mano se pueden emplear varias herramientas.

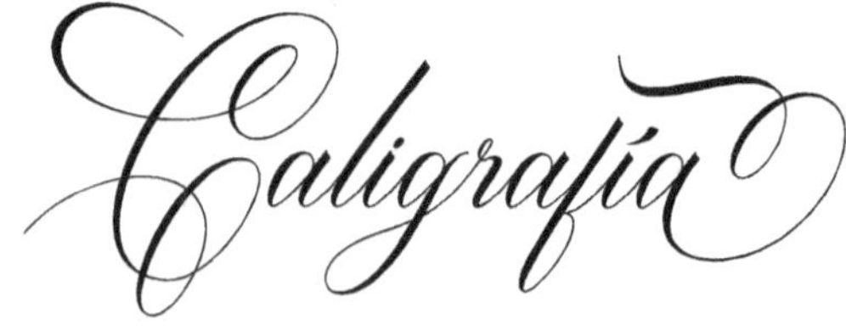

CALIGRAFÍA MODERNA

Con la evolución de la caligrafía tradicional, surgió la caligrafía moderna. En ella, las reglas son menos estrictas, por lo que no hay que seguir trazos específicos para formar una letra. Por otro lado, el color suele ser más vivo y el estilo en general se adapta mejor a los gustos individuales del artista. Pese a su nombre, el brush lettering es de hecho, una forma de caligrafía moderna porque se escribe en lugar de dibujarse.

CALIGRAFÍA

La caligrafía, por otro lado, es el arte de escribir. La caligrafía tradicional es un arte en sí mismo. Mientras que el lettering a mano puede realizarse utilizando cualquier medio, estilo o técnica, la caligrafía tradicional en cambio es mucho más específica. Para practicar caligrafía se utiliza exclusivamente una pluma de inmersión, que tiene una punta metálica en el extremo que a su vez se sumerge en un recipiente con tinta, llamado tintero. Las reglas y directrices son más estrictas en la caligrafía, y las letras son un poco más difíciles de aprender.

Entre los ejemplos de algunos estilos de caligrafía tradicional se encuentran la Copperplate o caligrafía de cobre, la Spenceriana y la Mayúscula Romana. En este libro no se hablará de la caligrafía tradicional, pero se trata de un hermoso arte ¡y un gran paso siguiente una vez que se domina la técnica del lettering a mano!

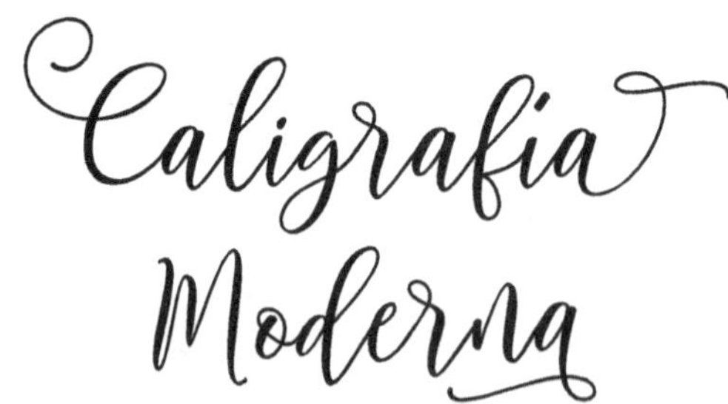

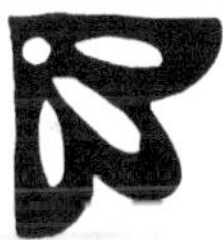
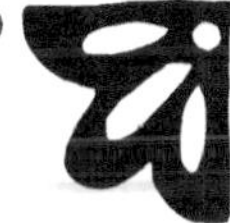

Introducción a las técnicas y estilos

Existen muchas técnicas y estilos de lettering a mano. La belleza de este arte es que el cielo es el límite. Puedes utilizar lo que quieras, como quieras, sin embargo, hay algunos métodos básicos con los que es fácil comenzar y sobre los que puedes basarte para desarrollar este arte. Esto es sólo un panorama inicial; ¡todas las técnicas y estilos mencionados se enseñarán con mayor detalle más adelante en el libro!

Monolínea

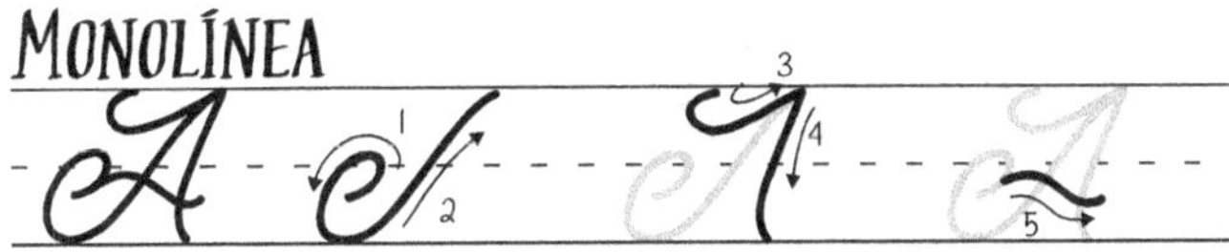

La monolínea, o monoline en inglés, es una técnica consistente en todo momento ya que todas las líneas tienen el mismo peso o grosor. Por otro lado, no requiere de grandes herramientas. Se suele utilizar cuando van a entrar en juego muchos otros elementos artísticos, o cuando el rotulista busca algo más minimalista.

Brush Lettering

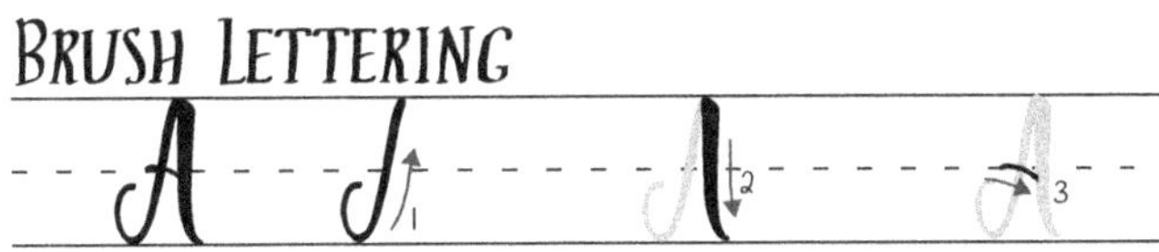

El estilo brush lettering, es uno de los más complicados, pero vale la pena intentarlo. Para este estilo, se utiliza un instrumento específico llamado rotulador con pincel. El rotulador se flexiona y se dobla, por lo que cuanta menos presión se ejerza sobre él, más fino será el trazo. En cambio, si se ejerce más presión, el trazo será más grueso.

Falsa caligrafía

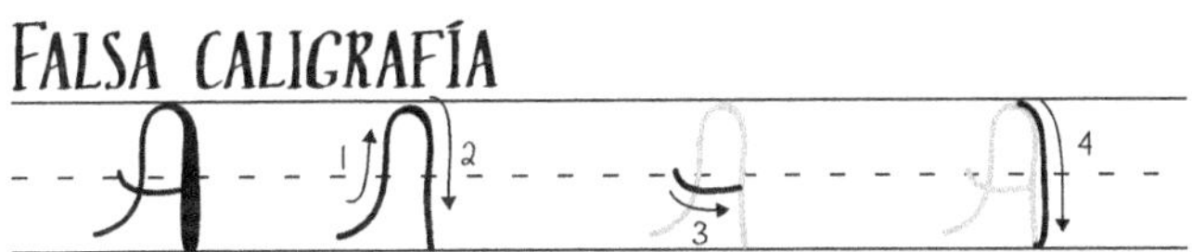

La falsa caligrafía, o faux calligraphy en inglés, se basa en el estilo monolínea y en el brush lettering. Esencialmente, imita el aspecto del brush lettering, escribiendo en estilo monolínea y volviendo sobre el trazo inferior de las letras para añadir peso a las líneas. Se trata de una caligrafía que imita el aspecto de la escritura mediante rotulador con punta de pincel, pero la técnica es mucho más fácil de dominar.

Serif

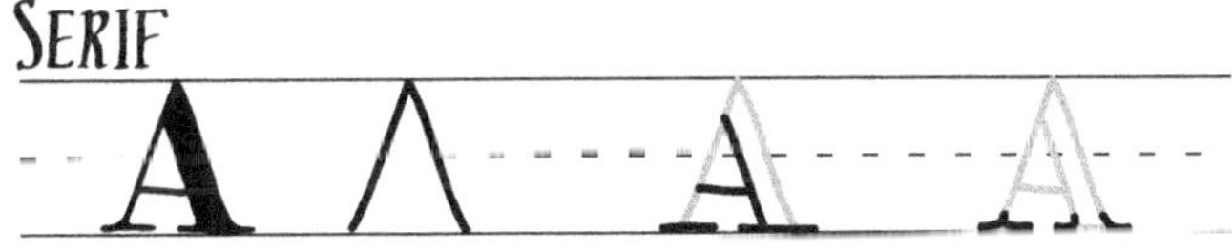

Se trata de un estilo de letra ¡que agrega un poco de encanto! Esencialmente, para hacer un diseño con Serif, se añaden algunos trazos decorativos que se extienden fuera de la letra. Esto añade algo de variedad, y permite realizar varias combinaciones creativas con facilidad.

Sans Serif

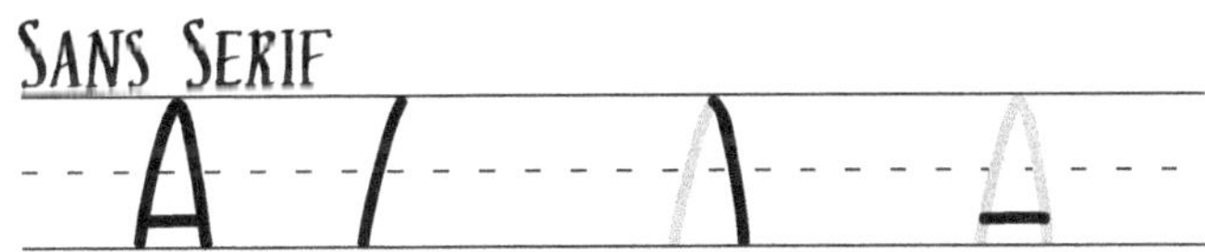

La palabra "sans" es un vocablo francés que significa "sin". Sí, lo has adivinado... comparado con la Serif, la Sans Serif es un estilo de letra sin rasgos adicionales al final del trazo. Suele ser un estilo simple con trazos gruesos, que a su vez ofrece un aspecto juvenil y moderno.

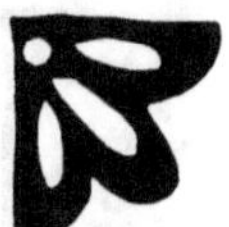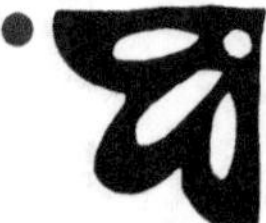

Terminología

Toda la terminología puede parecer increíblemente confusa si no sabes de qué estás hablando, pero por suerte, ¡para eso está este libro! Mantén un marcador aquí para que puedas consultar esta sección rápidamente cuando lo necesites.

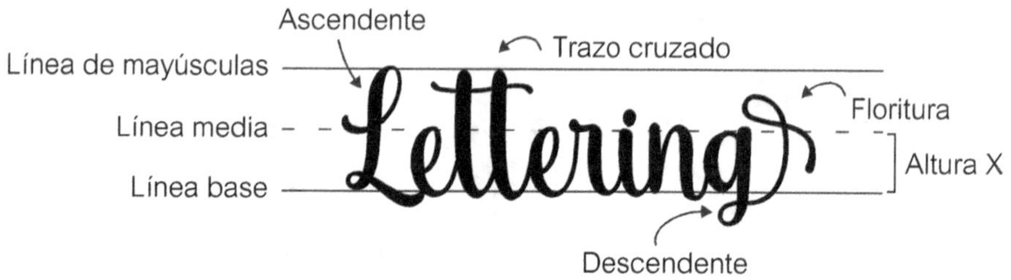

En la escritura a mano, existen varias líneas básicas en juego que te ayudan a mantener la consistencia de las letras en los lugares correctos. Recuerda las líneas que utilizabas cuando aprendías a escribir en cursiva en la escuela: son parecidas.

LÍNEA BASE: Es la línea en la que se apoyan todas las letras. Las mantiene en su lugar, para que no tengas una palabra que se arrastre gradualmente por el papel.

LÍNEA MEDIA: Es la línea central. Aquí es donde suele estar la parte superior de las letras minúsculas, por lo que estas quedan entre la línea base y esta línea.

ALTURA DE LA X: Se refiere a la altura de la letra x minúscula. Se usa para referirse a la distancia entre la línea base y la línea media.

LÍNEA DE MAYÚSCULAS: Es la linea que marca la parte superior de las letras mayúsculas.

Más allá de estas definiciones de las líneas, existen algunos términos que se refieren a partes específicas de una letra o a los trazos del bolígrafo.

ASCENDENTE: Es cualquier parte de una letra que sobrepasa la línea media.

DESCENDENTE: Es cualquier parte de una letra que se extiende más allá de la línea base.

TRAZO DESCENDENTE: Describe un movimiento del bolígrafo, es decir, cuando el bolígrafo escribe con un movimiento descendente. Este trazo descendente es casi siempre grueso, excepto en el caso de las letras manuales estilo Monolínea.

TRAZO ASCENDENTE: El trazo ascendente es otro movimiento de la pluma y, esencialmente, lo contrario del trazo descendente. Describe cualquier movimiento de la pluma hacia arriba. El trazo ascendente es siempre fino.

TRAZO CRUZADO: Es el que se utiliza para conectar o completar las letras. La barra horizontal que cruza la t es un ejemplo de este.

FLORITURA: Es un trazo de letra muy popular y, básicamente, se trata de un término general que sirve para embellecer o decorar. Son los trazos y remolinos adicionales que se ven en las letras. Un ejemplo de floritura es el remolino de la letra g.

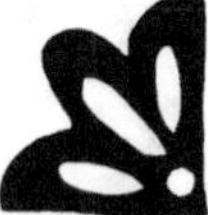

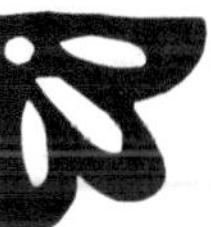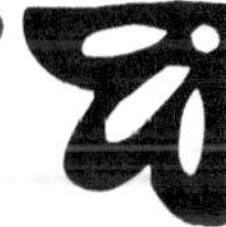

Materiales

La cantidad de herramientas que se pueden utilizar para escribir a mano no tiene fin. Se puede emplear prácticamente cualquier cosa, sin embargo, hay algunos que funcionan mejor que otros. No necesitas nada caro ni lujoso para aprender; basta con un lápiz básico, rotuladores y una hoja de papel.

LÁPICES: Los lápices son una buena herramienta para hacer bocetos y una buena forma de añadir líneas para guiar las letras. Son ideales para anotar ideas antes de hacerlas y perfectas para los principiantes.

BOLÍGRAFOS: Existen muchos tipos diferentes de bolígrafos, por lo que su principal cualidad es su variedad. Son estupendos para cualquier estilo de letra que quieras hacer, y son especialmente útiles para quienes comienzan. Los bolígrafos Micron son unos de los mejores para el lettering, así como cualquier tipo de bolígrafo con tinta de gel.

ROTULADORES: : Gracias a su gran diversidad, los rotuladores son otro elemento básico para el lettering. Emplear rotuladores de colores puede mejorar una palabra escrita de forma instantánea y además son los mejores para cualquier tipo de letra y para quienes están empezando. Los rotuladores Crayola son baratos, de buena calidad y una gran opción para escribir.

ROTULADORES CON PUNTA DE PINCEL: Los rotuladores de pincel son específicos para el brush lettering, por su estructura flexible. Los Tombow Fudenosuke son una excelente opción.

ACUARELAS: Hay varias formas de utilizar las acuarelas, como, por ejemplo, una paleta de acuarelas o bolígrafos de acuarela. Resultan adecuadas para proyectos de rotulación más grandes en los que los trazos son más gruesos, o bien para añadir decoraciones y fondos.

TIZAS: Las tizas se emplean principalmente para crear carteles para un negocio o una ocasión especial. Si bien la mayoría de las veces se usan en pizarras, experimentar con ellas sobre papel puede ser un proyecto muy divertido.

PLUMAS Y TINTEROS: Estos son los que se utilizan para la verdadera caligrafía. Son un poco más avanzados y no son los mejores para un principiante. La pluma tiene una punta de metal con capilares internos que absorben la tinta cuando se sumerge en el tintero.

PAPEL: El papel que utilices debe ser un papel liso para no dañar el instrumento de trabajo. Algunas buenas opciones son el papel HP Premium 32, el bloc Rhodia o el bloc para marcadores Canson XL. El papel de calco también es una herramienta útil para tener a mano, para trazar diseños o letras para practicar, o bien para transferir diseños.

REGLA: Una regla es una gran herramienta para que todo sea uniforme. Úsala para dibujar las líneas maestras a lápiz y bórralas una vez que termines de dibujar las letras.

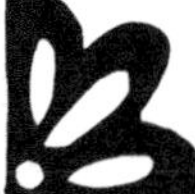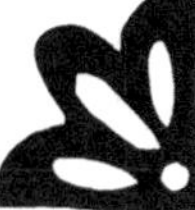

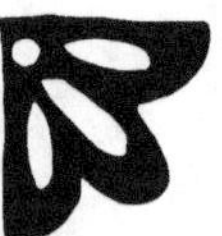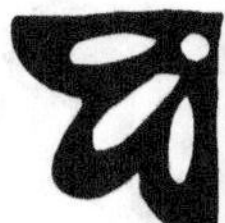

Cuadro de referencia

Si necesitas saber qué materiales son los mejores para un estilo o un nivel de habilidad específico, el siguiente cuadro es una guía útil.

Material	Nivel de habilidad	Cuándo usarlo	Nivel de desastre	Cuánto tiempo de aprendizaje requiere
Lápices	Principiante	Trazar, dibujar, hacer primeros borradores. También se pueden usar para practicar falsa caligrafía.	Mínimo. Los errores se pueden arreglar fácilmente con una goma de borrar.	Poco. Fácil de aprender.
Bolígrafos	Principiante	Escritura Monolínea y falsa caligrafía.	Mínimo, pero podría ser un desastre si tienes un bolígrafo que acumula tinta alrededor del extremo que escribe. Intenta elegir uno con secado rápido que evite las manchas e imperfecciones.	Poco. Fácil de aprender.
Rotuladores	Principiante a intermedio	Monolínea, falsa caligrafía, añadidos decorativos.	Puede ser bastante complicado, especialmente cuando se usan rotuladores a base de alcohol, como los Sharpies y los Copic. Aunque son excelentes, suelen traspasar el papel.	Poco o moderado. Deberás seleccionar los rotuladores cuidadosamente si tratas de conseguir trazos limpios y pequeños.
Rotuladores con punta de pincel	Intermedio a difícil	Brush lettering	Limpio y preciso, pero los errores no se cubren fácilmente.	Hay que aprender a controlar el peso del trazado, lo cual puede llevar mucha práctica.
Acuarelas	Difícil	Todos los estilos, añadidos decorativos	Muy engorroso, pero se pueden cubrir los errores.	Mucho tiempo y práctica.
Tizas	Principiante a intermedio	Monolínea y falsa caligrafía, generalmente para la realización de carteles.	Los residuos y el polvo pueden ensuciar, pero los errores pueden borrarse fácilmente con un paño húmedo o un hisopo de algodón.	Poco o moderado.
Plumas y tinteros	Difícil	Caligrafía	La tinta líquida hace que este instrumento ensucie, los errores no se pueden cubrir.	Mucho. Es muy complicado de dominar.

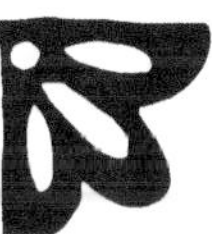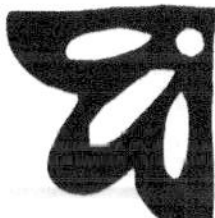

Posicionamiento y postura

Seguramente pienses que el lettering puede ser un pasatiempo para trabajar mientras estás tirado en el sofá. En ese caso, ¡piénsalo otra vez! El posicionamiento, la manera de sostener el bolígrafo, la ubicación de tu brazo... todo esto juega un papel importante en tu escritura.

En primer lugar, la mejor forma de escribir es sentado en un escritorio. Comienza por sentarte en la silla con los pies apoyados en el suelo. No es necesario estar recto y rígido como una regla, pero debes tener una buena postura. Mantén los hombros hacia atrás y la cabeza levantada. Una buena regla general es inclinarse sin estar encorvado.

Ahora, cómo sujetar: sostén tu instrumento de trabajo entre el pulgar y el índice, apoyándolo sobre el dedo medio. Procura sujetarlo en un ángulo de cuarenta y cinco grados respecto del papel. El agarre no debe ser muy fuerte. No olvides que los dedos solo están sosteniendo el instrumento de escritura y lo mantienen firme; tu brazo es el que hace la mayor parte del movimiento. Asimismo, ten en cuenta que los agarres pueden funcionar de forma diferente según las herramientas y las personas, así que puede que tengas que hacer algunos ajustes, ¡pero éste es un buen punto de partida!

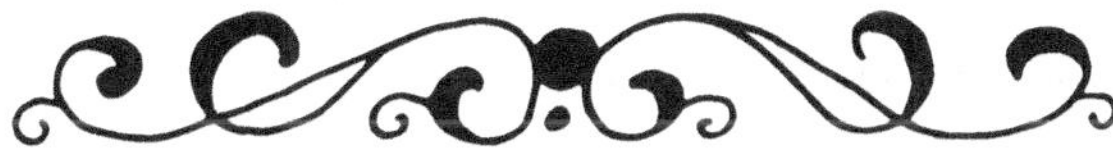

Consejos para recordar

1. ¡No te apresures!

Es importante que te tomes tu tiempo para escribir. Es fundamental hacerlo con calma para que los trazos sean limpios y consistentes. Colócate en una posición cómoda y ten paciencia.

2. Levanta el bolígrafo

Algo que debes recordar cuando escribas, es que el bolígrafo no fluye a lo largo de toda la palabra, como sí en la letra cursiva. Tras cada trazo, ya sea hacia arriba o hacia abajo, debes levantarlo. De este modo, cada trazo tendrá el mejor aspecto posible y, como consecuencia, elevará el aspecto de toda la palabra.

3. Espaciado

El espaciado es muy importante en la escritura. El espacio entre cada letra tiene que ser coherente para que todo parezca limpio y ordenado. Puedes utilizar una regla para crear pautas y asegurarte de que las letras estén uniformes. Una vez que hayas adquirido cierta destreza, también podrás experimentar con el espaciado.

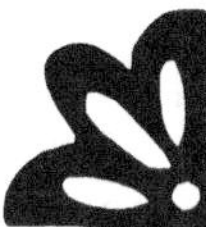

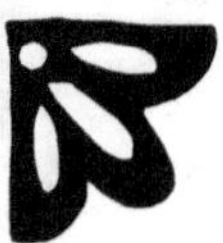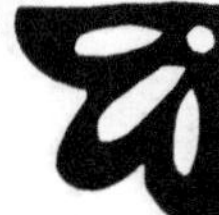

4. Lettering para zurdos

Hay un par de maneras de facilitar la escritura a los zurdos. En primer lugar, encuentra un agarre que te funcione. Experimenta con diferentes formas de sujetar la herramienta hasta que encuentres una que te resulte cómoda y funcional. Otro consejo es colocar papel de calco bajo la mano mientras escribes para evitar que se manche. También puedes tomarte un tiempo para dejar que la tinta se seque entre letra y letra. Algunos bolígrafos y rotuladores se secan más rápido que otros, así que experimenta con diferentes herramientas para encontrar la que mejor funcione. Un último consejo: ¡experimenta con la colocación del papel! No hay ninguna regla que diga que tienes que escribir con el papel colocado de una manera determinada. De hecho, puede que te resulte más fácil girar el papel y, de ser así hazlo.

5. Desarrolla tu estilo

La mayoría de las personas tienen su propio estilo de escritura, con muchas variaciones. La mejor forma de desarrollar tu estilo personal es dominando primero los aspectos básicos. Asegúrate de que eres capaz de escribir el estilo básico de forma consistente antes de seguir adelante y luego comienza a experimentar. Intenta crear tu sello personal, inclinar las letras de forma distinta, escribir una letra de un modo nuevo, usar nuevos utensilios para crear grosores únicos en los trazos... ¡La lista es interminable! No dejes de probar cosas nuevas hasta que descubras algo que realmente te guste, y luego empieza a hacerlo siempre que escribas. Muy pronto tendrás tu propio estilo.

6. Paciencia y perseverancia

Sé amable contigo porque te llevará tiempo y práctica. Además, no te desanimes si no te sale perfecto en el primer intento, o en el segundo o en el décimo. Para evitar la frustración, es conveniente guardar todas las hojas de práctica. Cuando ya lleves un tiempo con esto, saca las que usaste la primera vez que escribiste. Es muy útil y estimulante poder comparar tu punto de partida con el actual. Y, sobre todo, ¡no te rindas!

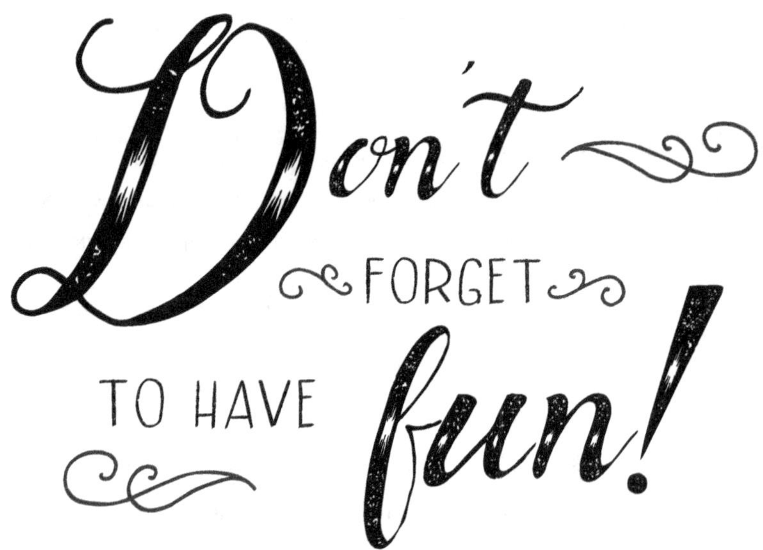

(¡No te olvides de divertirte!)

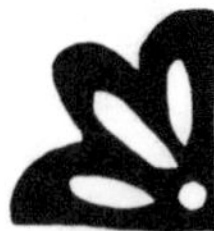

Monolínea

El estilo monolínea, o monoline en inglés, es uno de los estilos de letra más simples. Se traza en una línea consistente sin variaciones de grosor. Asimismo, combina muy bien con estilos llamativos, y habitualmente se utiliza en carteles, logos y demás elementos publicitarios. Dado que sus trazos son tan sencillos, se suelen emplear otros adornos para agregar detalles atractivos. Además, el estilo monolínea es una buena base para aprender todos los demás estilos de letras, por lo que sería importante que te asegures de dominarlo antes de seguir adelante.

La mejor herramienta para utilizar la letra monolínea es un instrumento de dibujo rígido que pueda dar una línea consistente. Los bolígrafos, los lápices y los rotuladores rígidos son las opciones ideales.

Aa Bb Cc Dd Ee Ff
Gg Hh Ii Jj Kk Ll
Mm Nñ Oo Pp Qq Rr
Ss Tt Uu Vv Ww Xx
Yy Zz

Para comenzar a aprender el estilo monolínea, solo tienes que trazar sobre las páginas de práctica, guiándote por la dirección de las flechas. Puedes probar con cualquier instrumento rígido, e intentar cualquier grosor que desees. Lo más importante es que consigas un trazado homogéneo. Luego de cada trazo, levanta y empieza el nuevo trazo desde donde terminó el anterior... Por último, y fundamentalmente, ¡tómate tu tiempo!

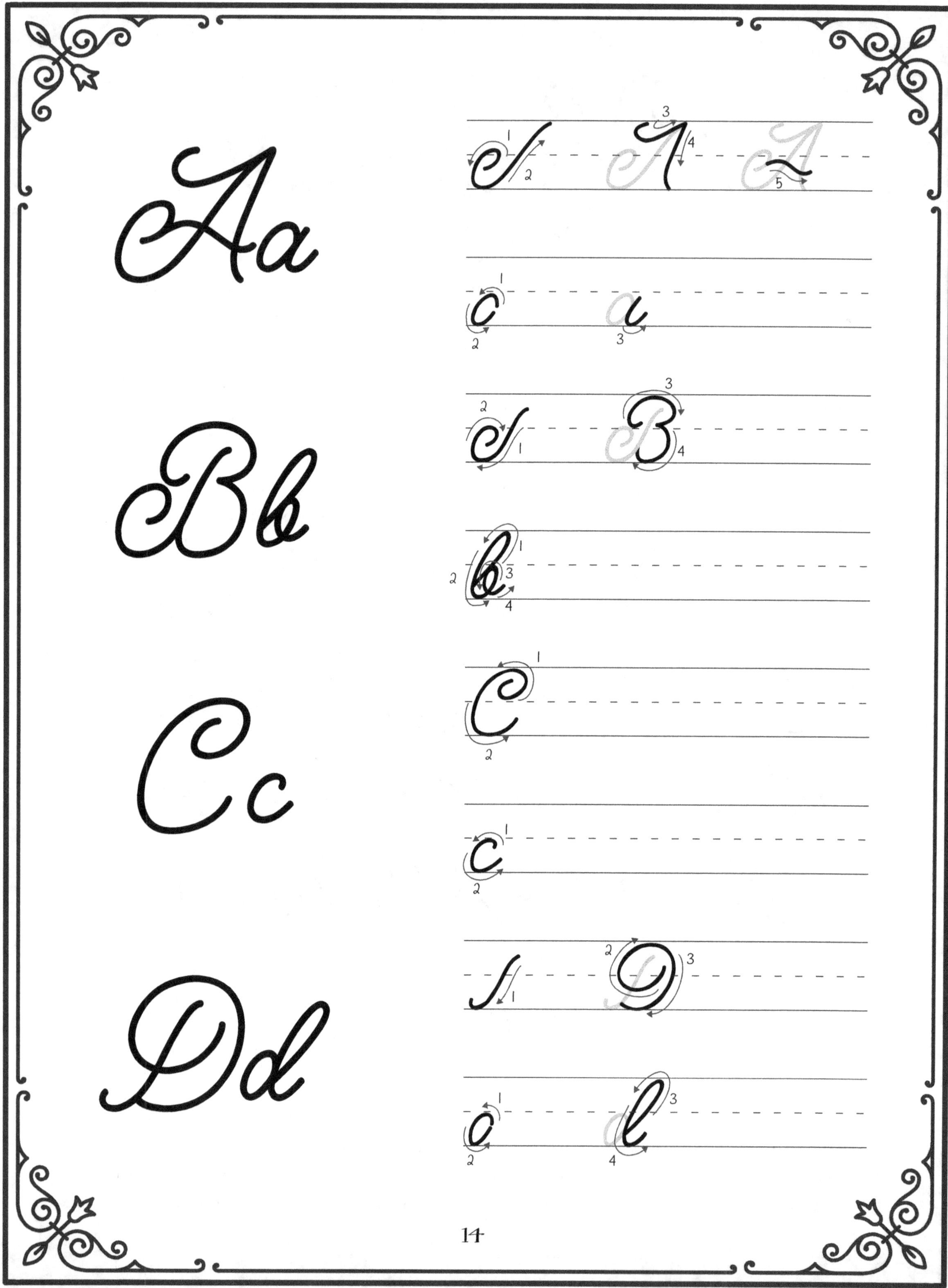

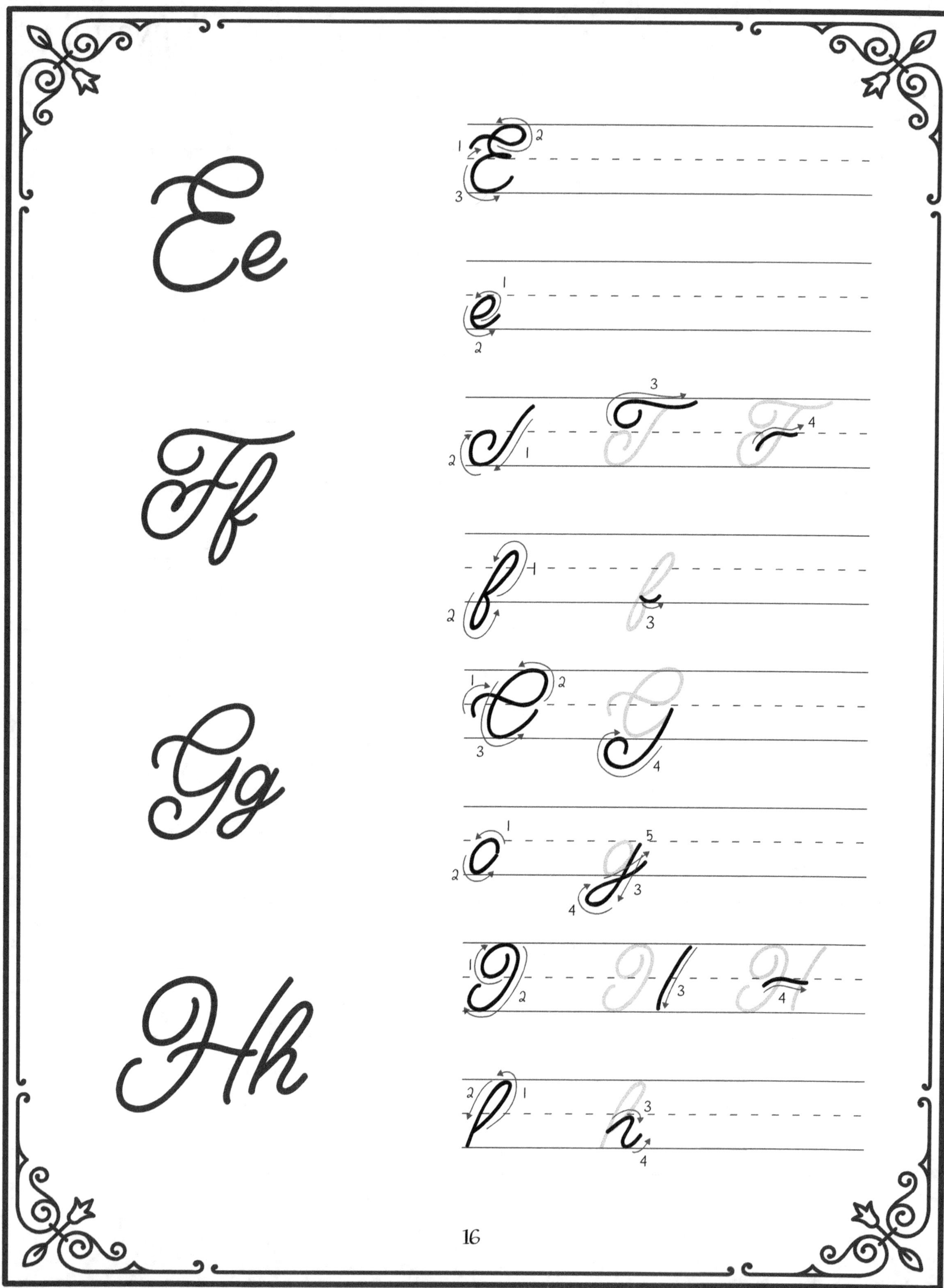

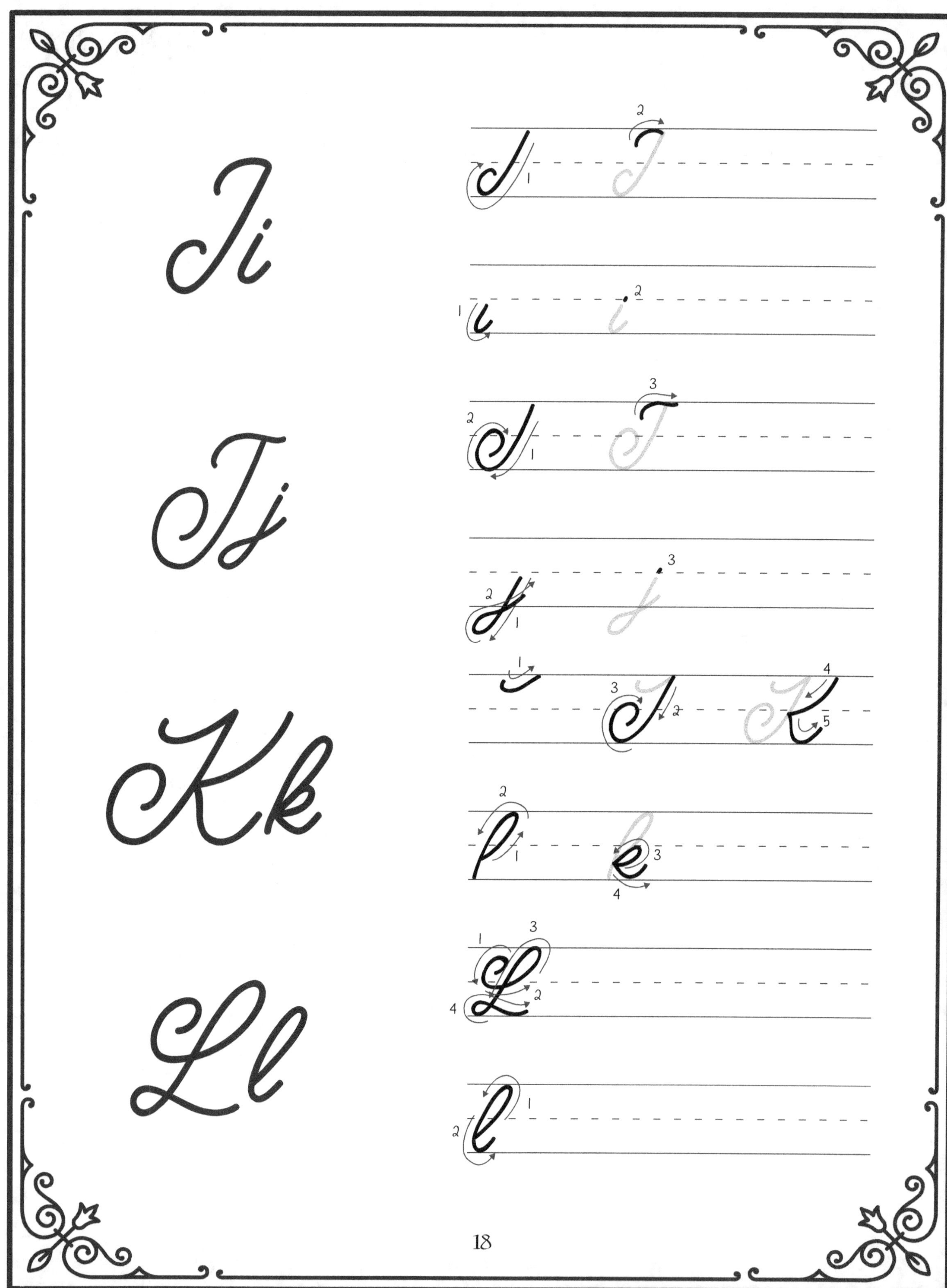

Ji

Jj

Kk

Ll

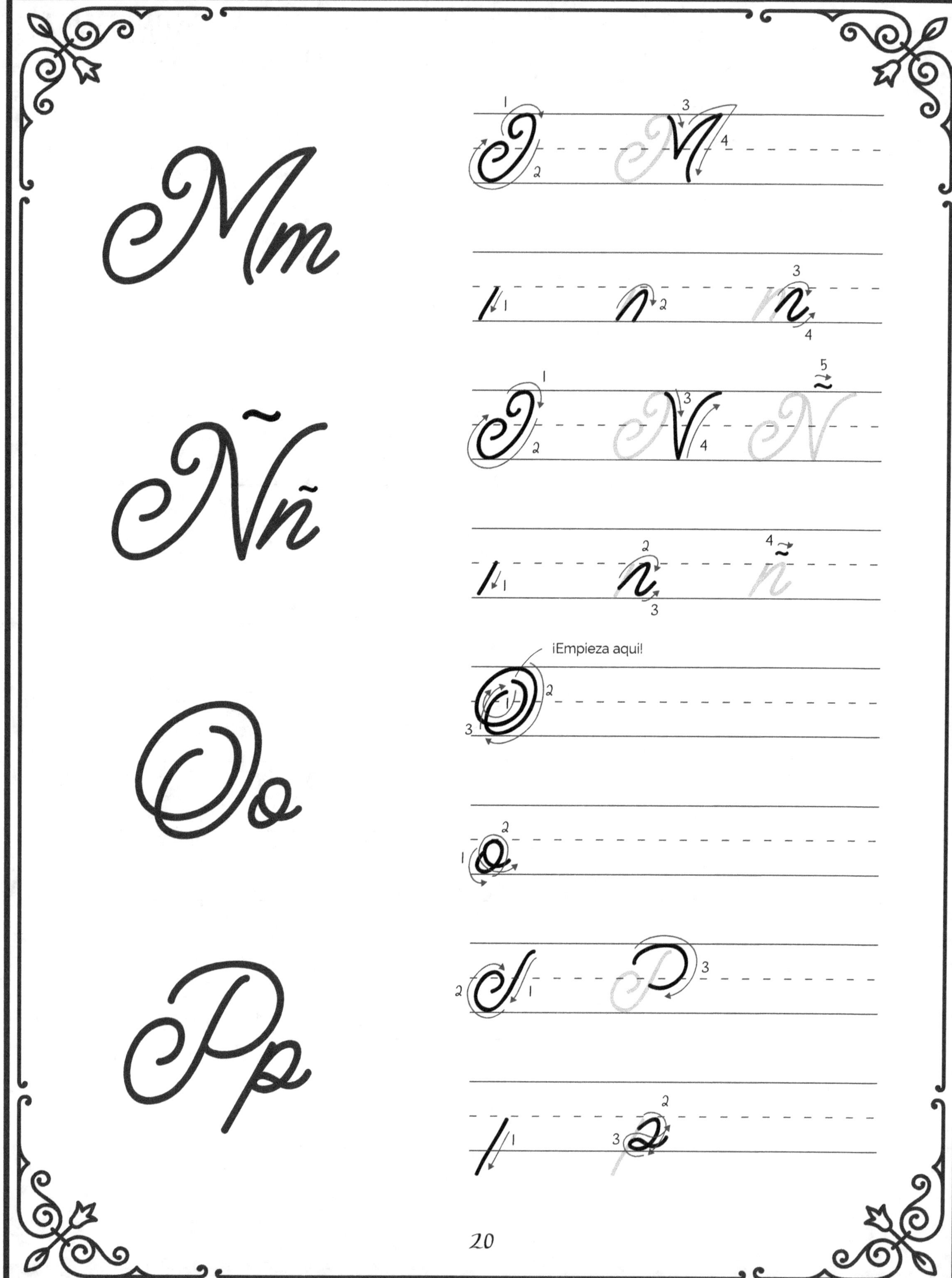

Mm
Ññ
Oo
Pp
¡Empieza aquí!

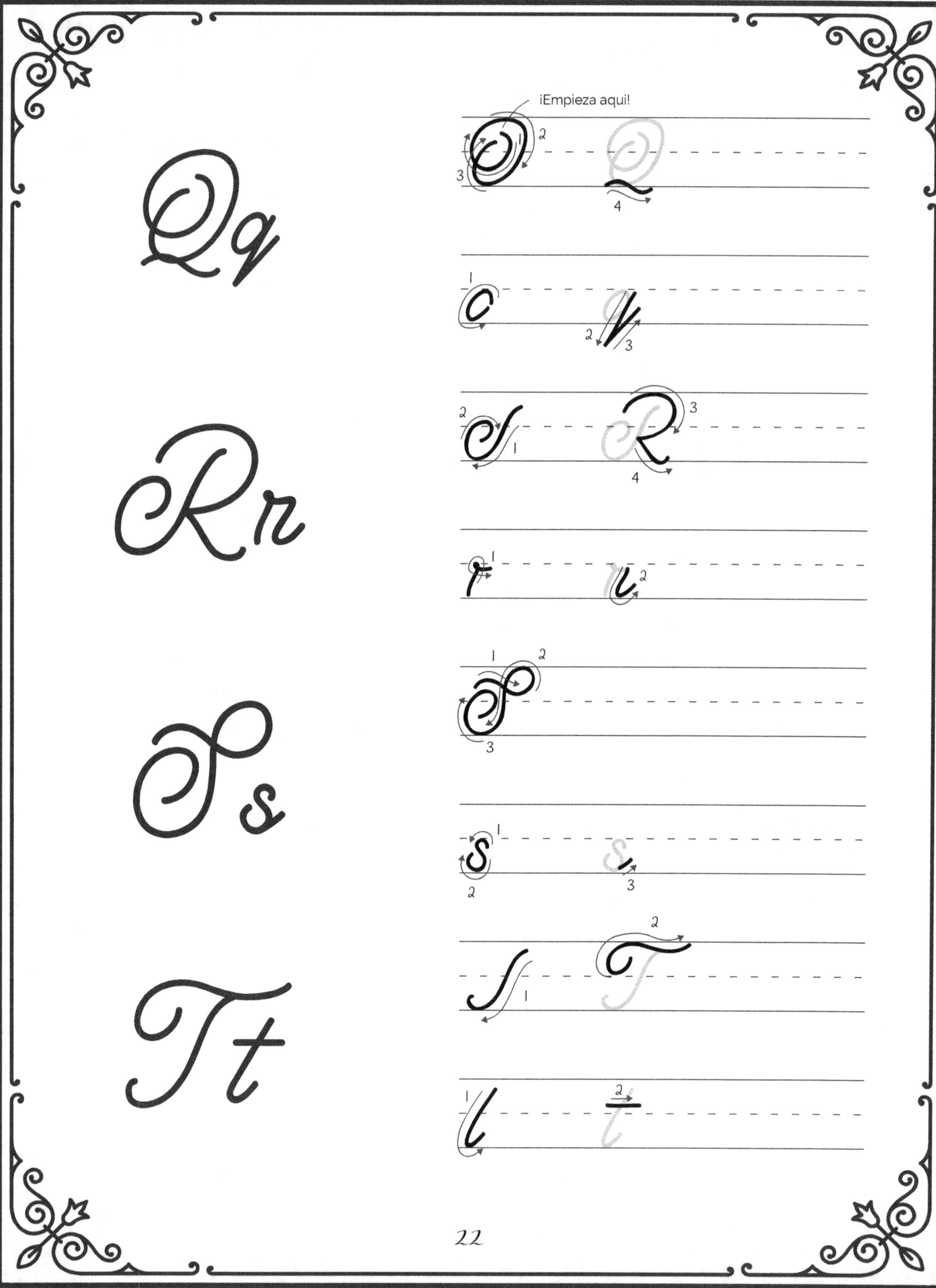

¡Empieza aqui!
Qq
Rr
Ss
Tt

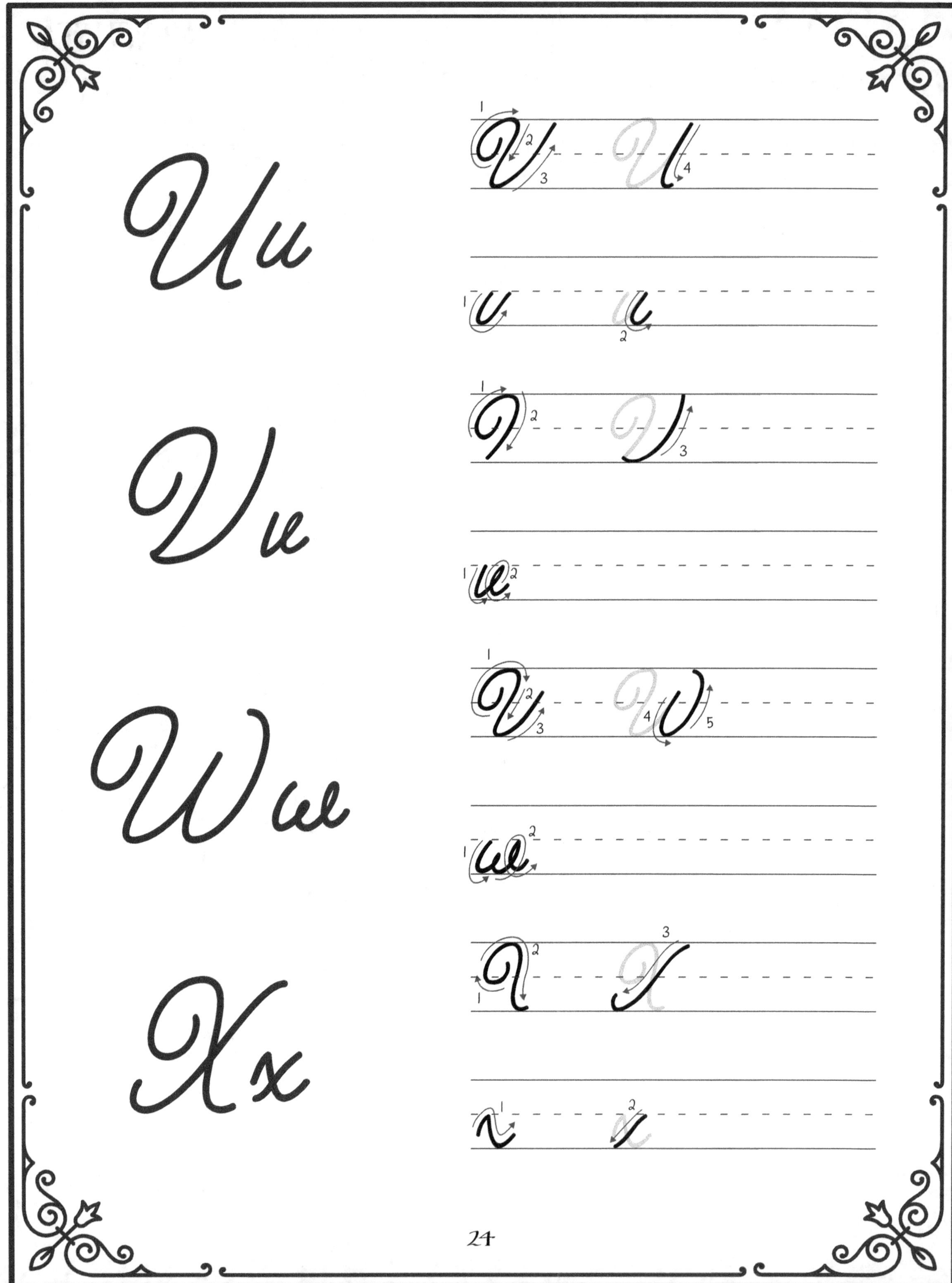

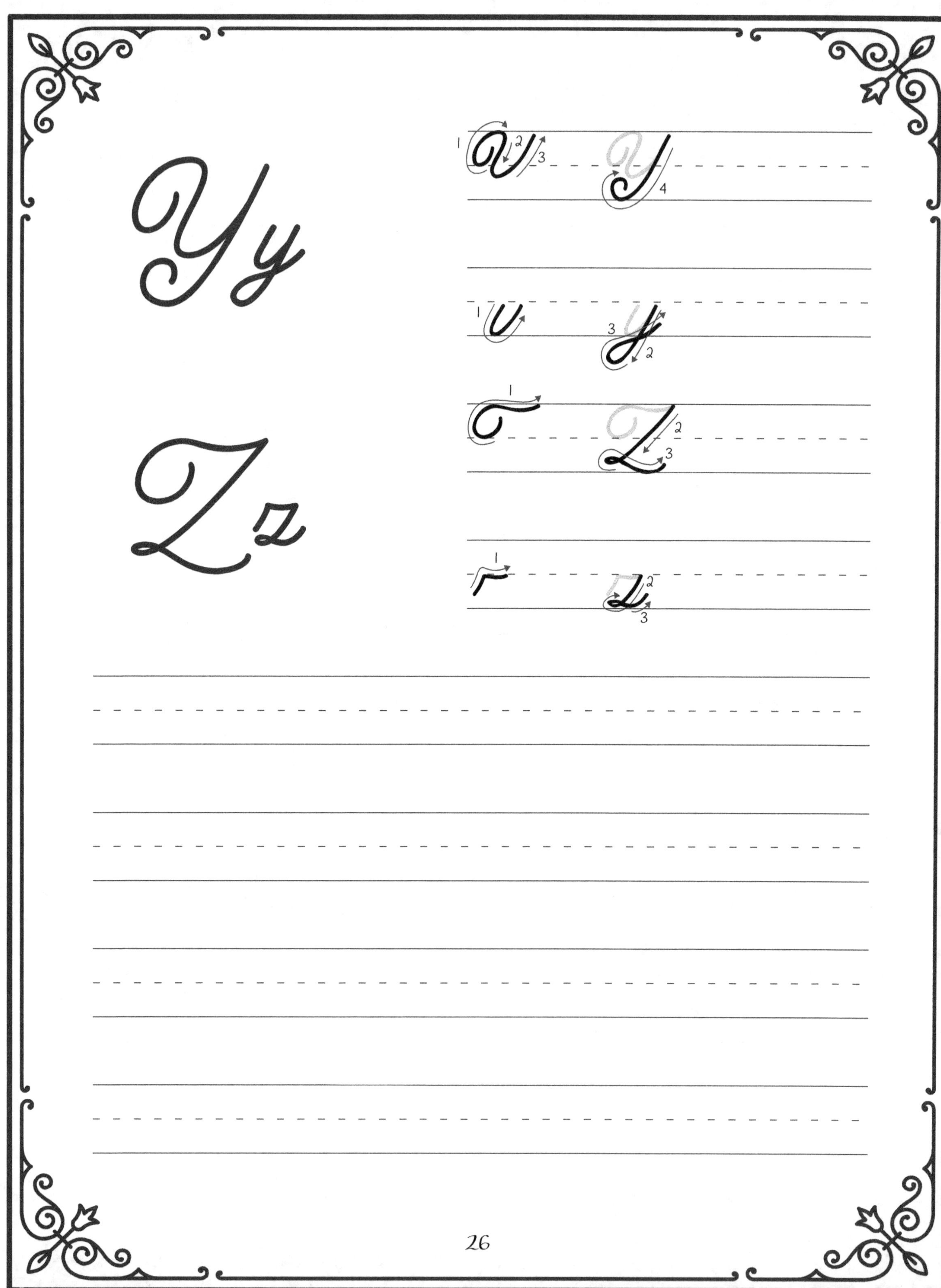

Yy
Zz

¡Practica aquí!

Falsa Caligrafía

La falsa caligrafía es un estilo de letra que se crea tal y como suena: ¡es una falsa caligrafía! Es una manera de conseguir la belleza de la caligrafía sin el arduo trabajo de aprender las reglas y el uso de las herramientas. Por lo general, este tipo de escritura resulta muy fluido y se parece tanto a la letra cursiva como a la caligrafía. Además, se trata de uno de los estilos más empleados debido a su versatilidad, ya que puede utilizarse prácticamente con cualquier instrumento y sobre cualquier superficie. Todo es válido, desde cristal hasta madera o tela.

Los mejores instrumentos para esta técnica son los bolígrafos y los rotuladores, sin embargo, puedes empezar a practicar con un lápiz. También podrás utilizar otros, pero estos son los más simples para comenzar.

Aa Bb Cc Dd Ee Ff
Gg Hh Ii Jj Kk Ll
Mm Ññ Oo Pp Qq Rr
Ss Tt Uu Vv Ww Xx
Yy Zz

Cómo se realiza la falsa caligrafía

Comencemos explicando cómo se escribe la letra a, a modo de ejemplo.

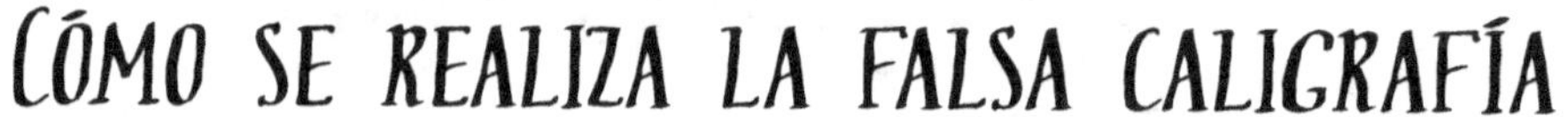

- Empieza en 1 y dibuja un óvalo abierto entre la línea media y la línea base. Traza ligeramente hacia arriba cuando llegues a la línea base y detente debajo del inicio de la línea. Levanta el bolígrafo.

- Comienza en el punto 3 y une una "u" con el óvalo, formando una a.

- Ahora, para convertir la letra en una falsa caligrafía oficialmente, debes hacer lo siguiente: regresa a la forma ovalada y empieza en el 4. Añade grosor dibujando otra línea junto a la primera, con el bolígrafo desplazándose hacia abajo.

- Haz lo mismo a partir del 5 y añade grosor a la línea existente.

- Puedes dejar el espacio en blanco entre las líneas abierto o bien rellenarlo. ¡Mira esto! ¡Ya tienes una falsa caligrafía en forma de a!

Trazos básicos de falsa caligrafía

Antes de comenzar a dibujar letras completas, la mejor manera de familiarizarse con este estilo es practicando los trazos básicos por separado. Al practicarlos, empieza siempre con el bolígrafo en el 1 y sigue la dirección de las flechas. Recuerda que cada vez que el bolígrafo se mueva hacia abajo, será un trazo descendente, y lo engrosarás. Las páginas de práctica dejan el espacio entre líneas libre, así que puedes elegir si lo rellenas o no.

Trazo ascendente

Aumentar el grosor del trazo descendente

Una vez que te hayas familiarizado con los trazos básicos, ¡es momento de empezar a practicar! Utiliza las mismas instrucciones para trabajar con el resto del abecedario, ten en cuenta los consejos anteriores y ármate de paciencia. ¡Dedica todo el tiempo que necesites a perfeccionar el alfabeto de la falsa caligrafía!

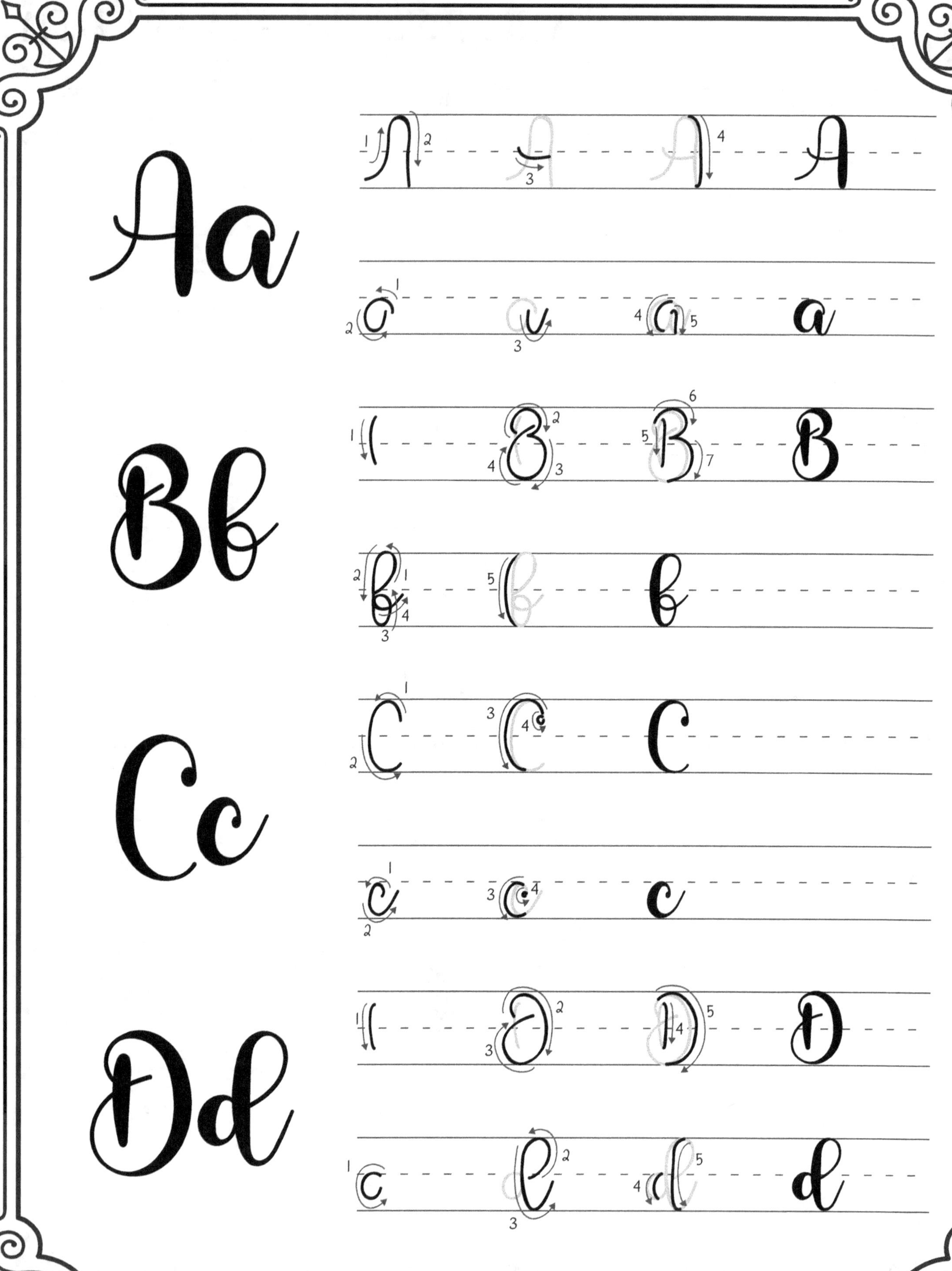

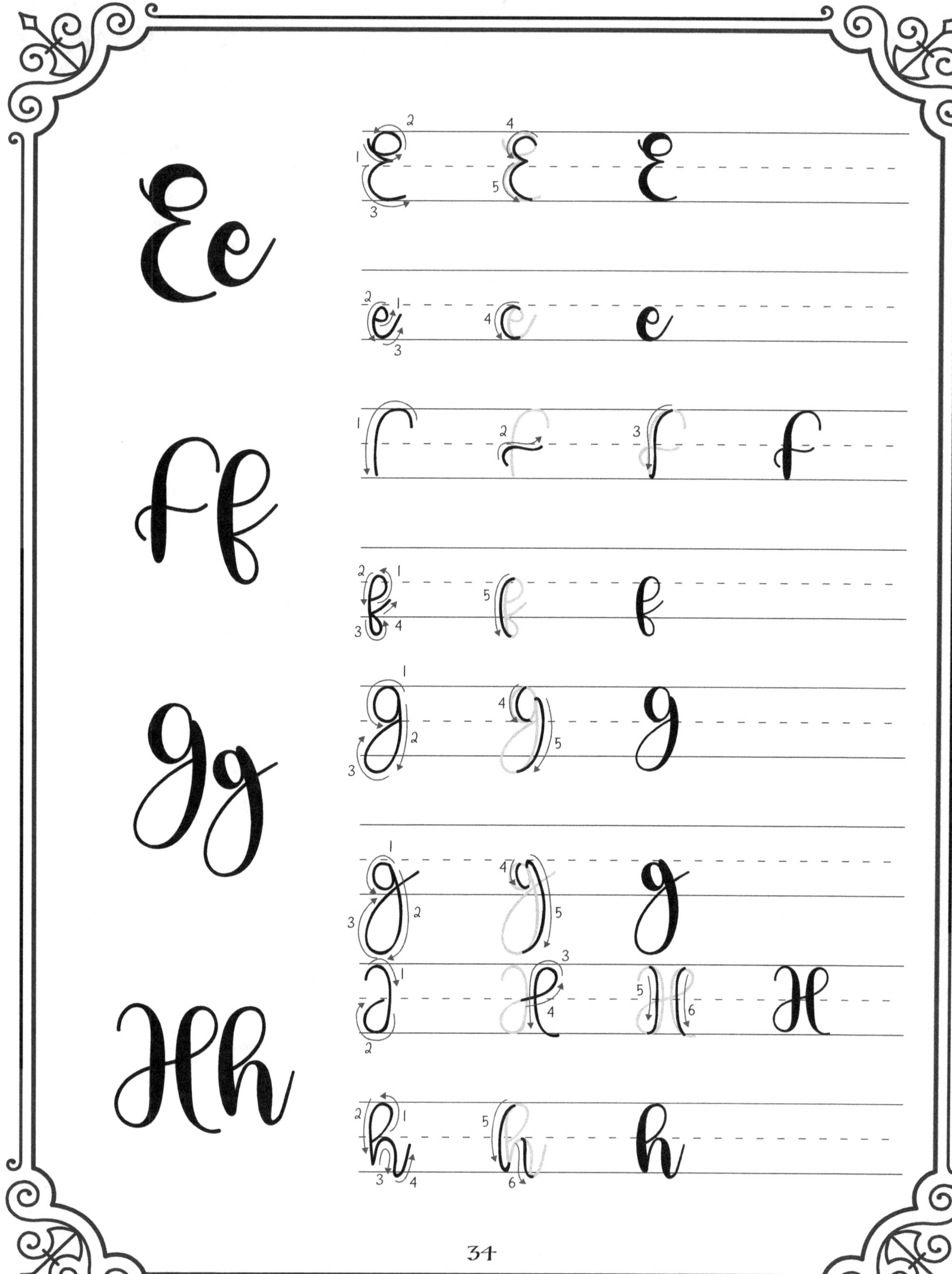

Ii

Jj

Kk

Ll

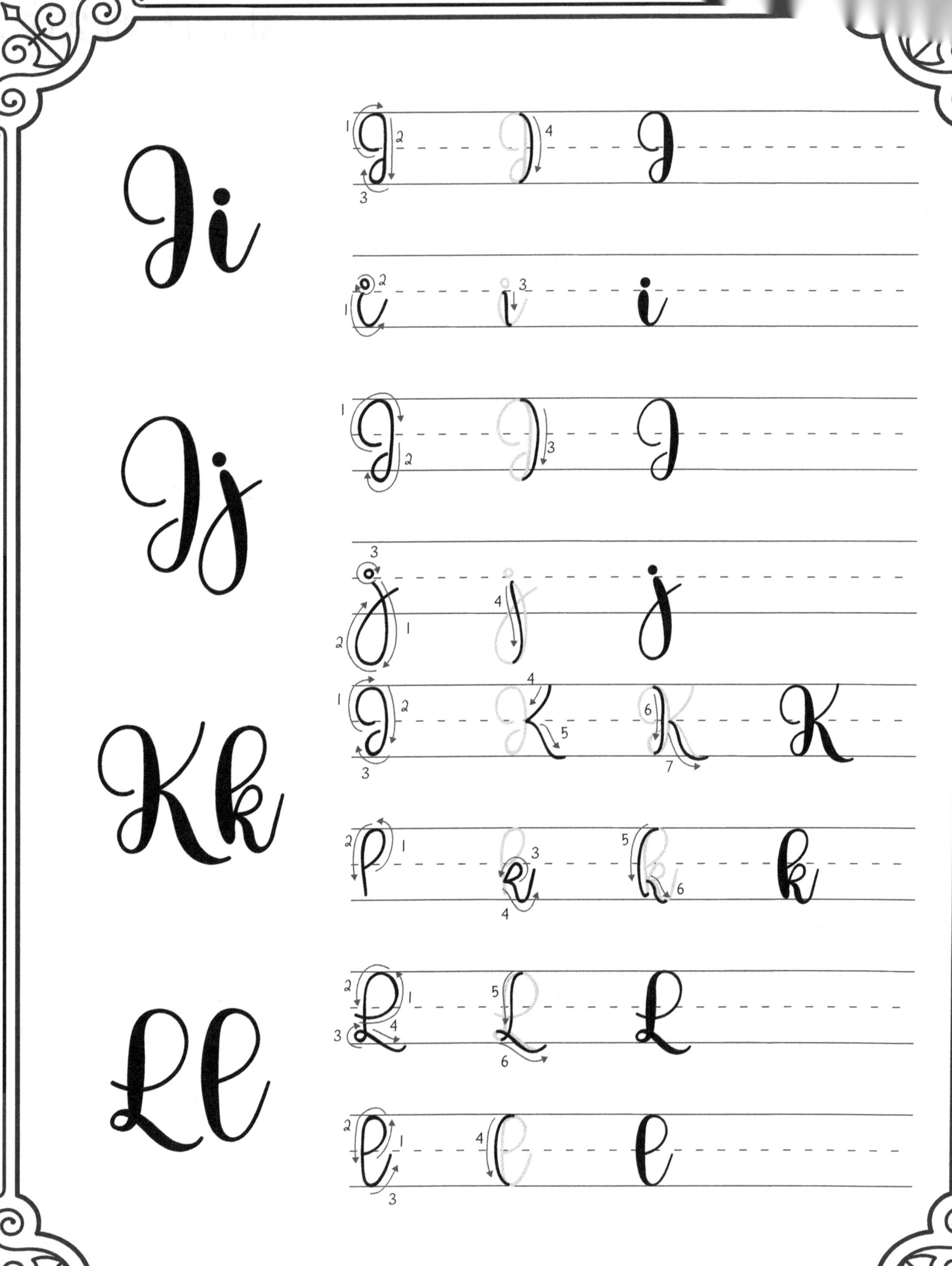

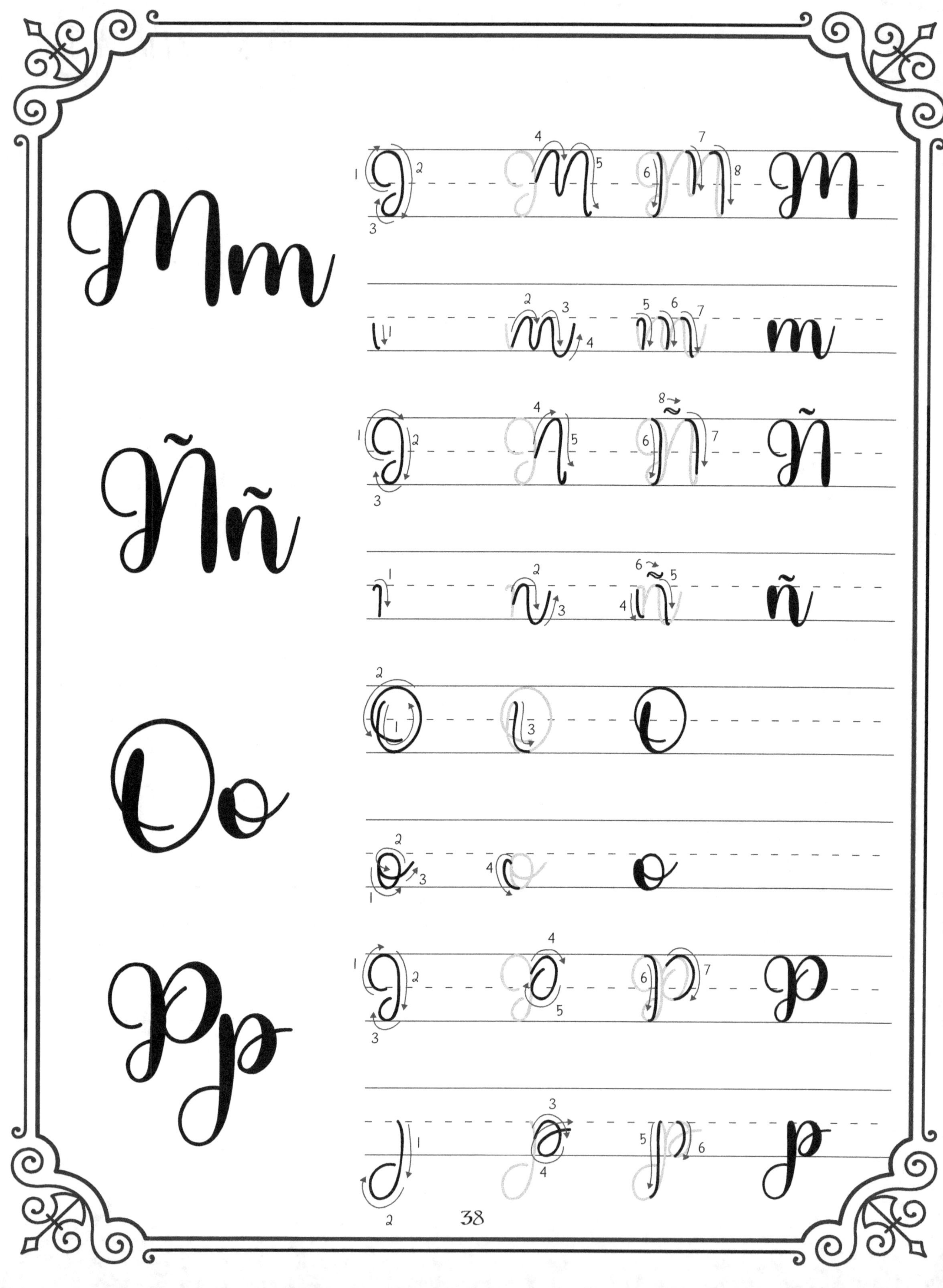

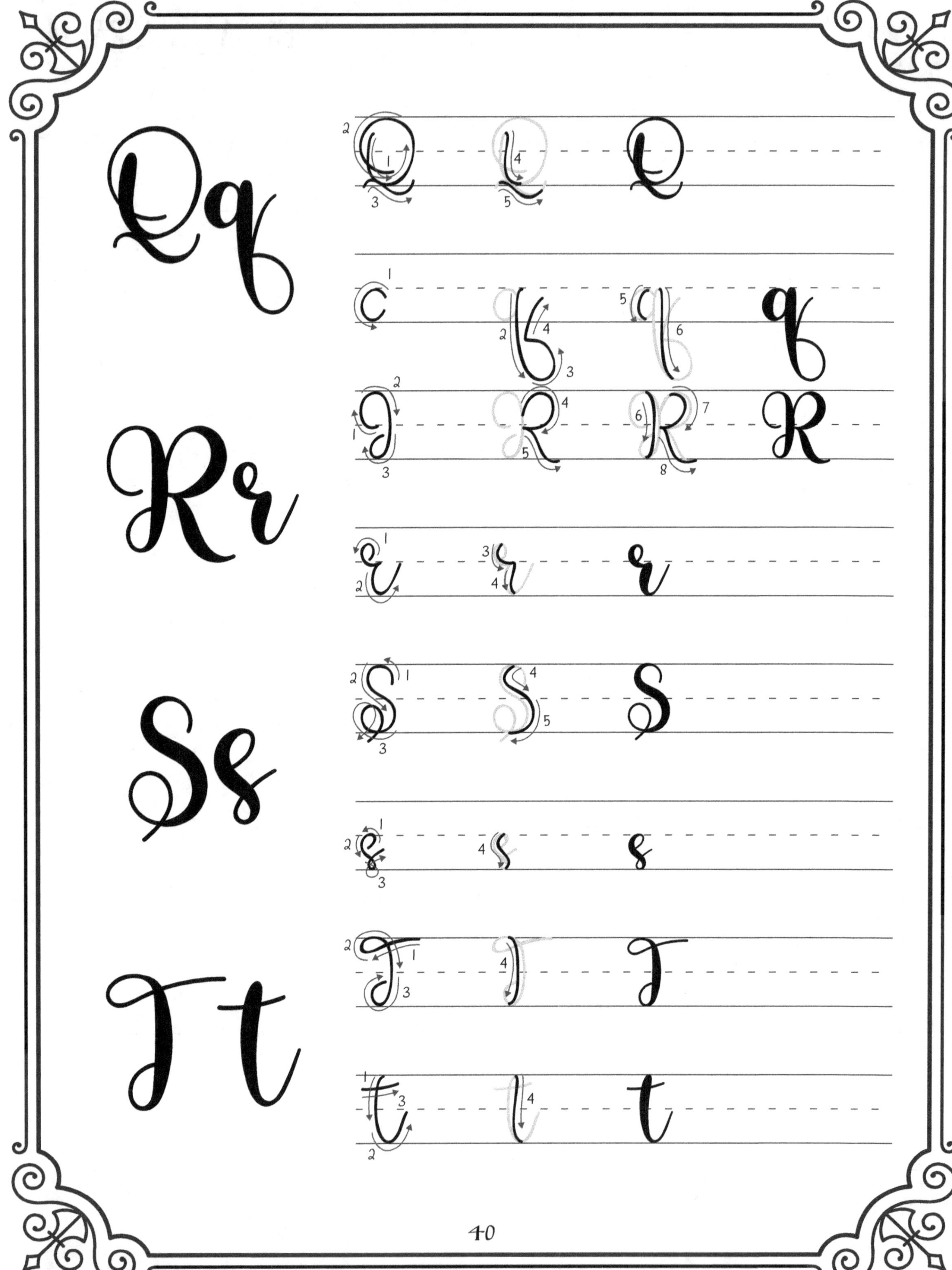

Uu

Vv

Ww

Xx

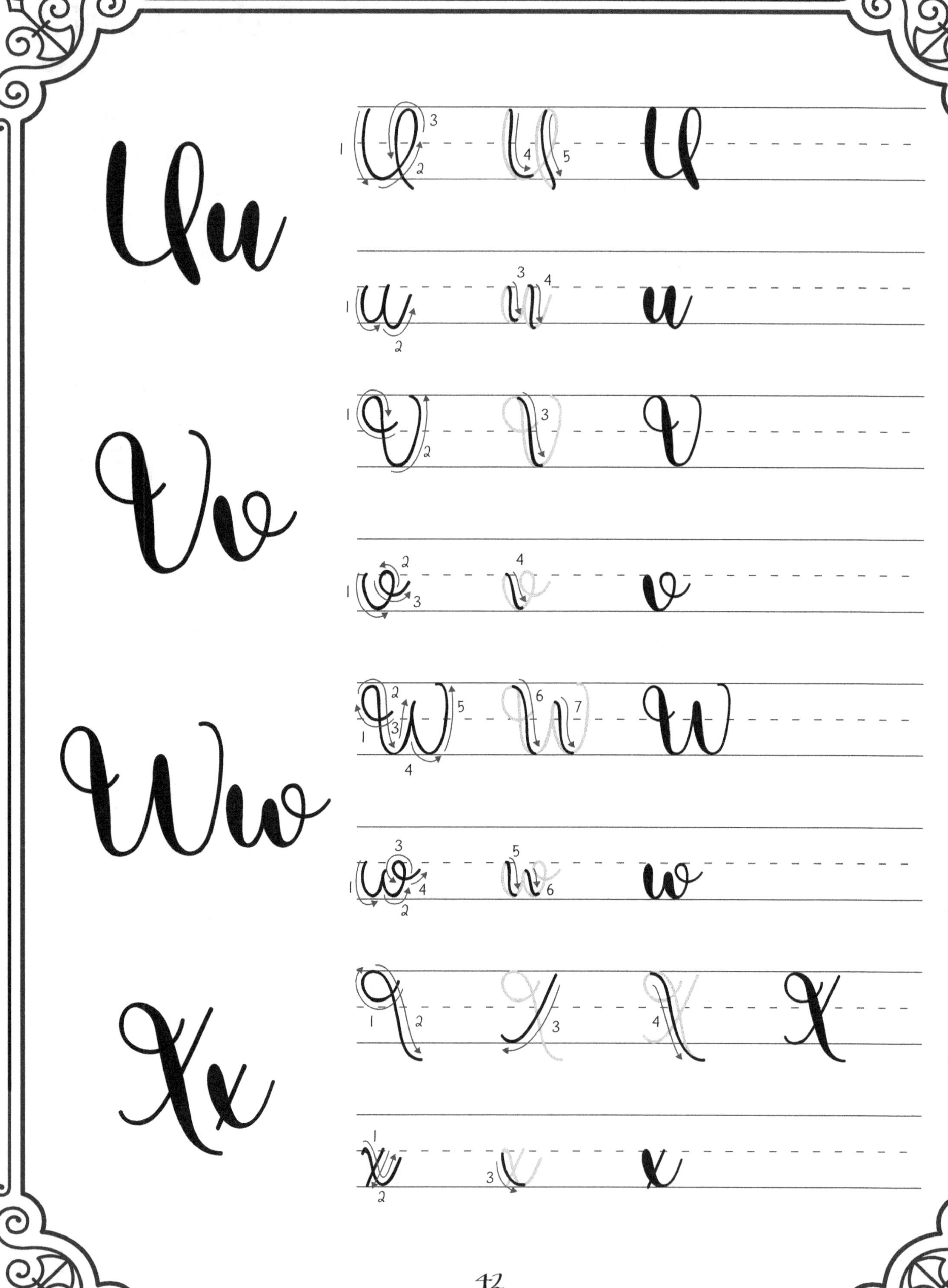

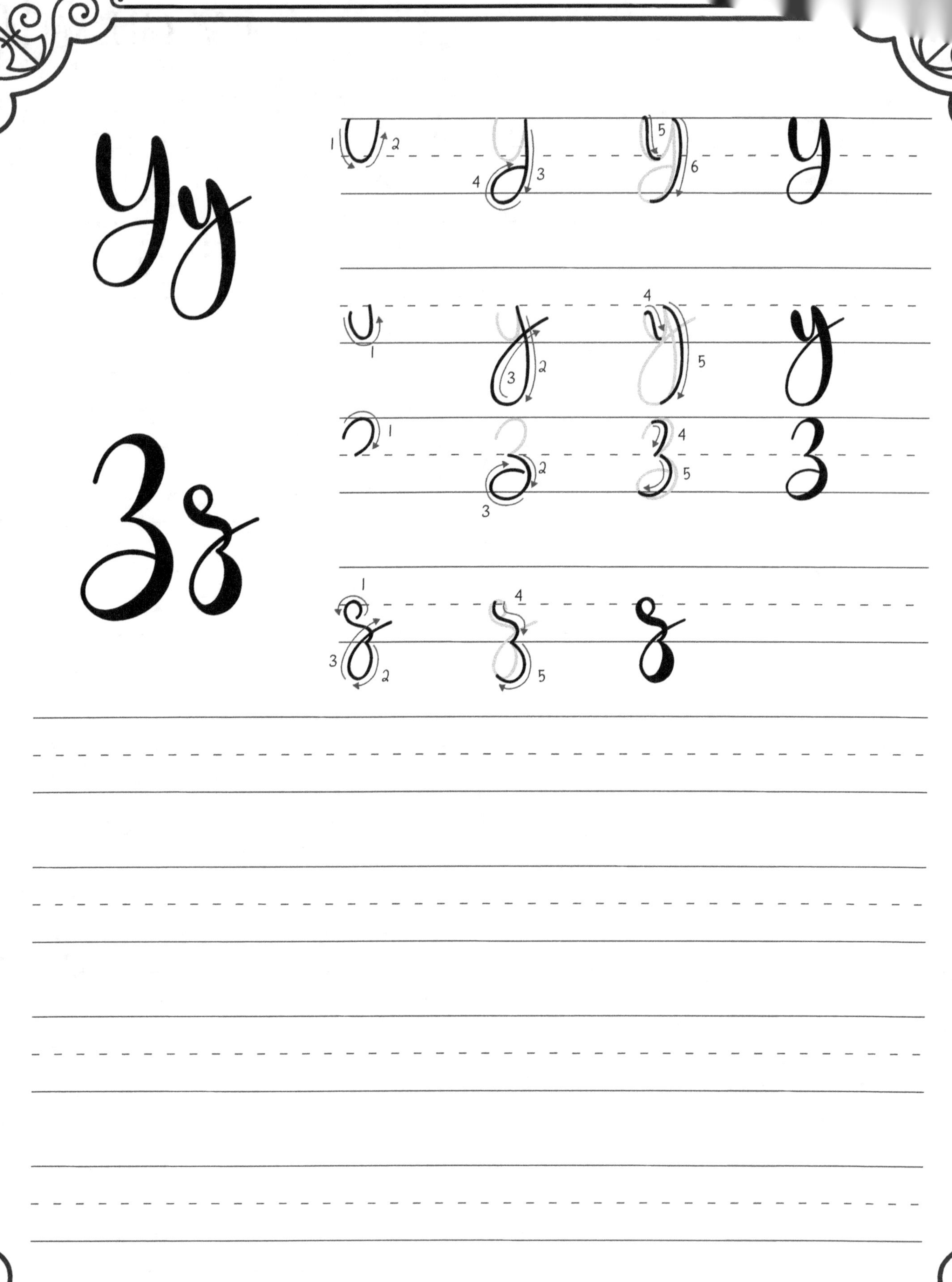

Brush Lettering

El brush lettering es el punto en el que nuestra práctica se torna un poco más avanzada. Es por eso que será útil que estés familiarizado con el estilo monolínea y la falsa caligrafía antes de pasar a este tipo de letra, pues te basarás en las habilidades aprendidas anteriormente. Este estilo suele verse en textos más formales o elegantes, como invitaciones de boda o anuncios de graduación.

La caligrafía con pincel utiliza una técnica específica para lograr la variación de las líneas: aumentar y disminuir la presión sobre la pluma, en lugar de añadir líneas adicionales como en la falsa caligrafía. La pluma se levanta entre los trazos para controlar mejor cada letra y mantener la coherencia. Por lo general, se utiliza una pluma para las letras propiamente dichas. También se puede utilizar pintura y un pincel flexible, pero puede ser más difícil trabajar con ellos.

Aa Bb Cc Dd Ee Ff
Gg Hh Ii Jj Kk Ll
Mm Ññ Oo Pp Qq Rr
Ss Tt Uu Vv Ww Xx
Yy Zz

Los ocho trazos básicos

Ascendente

Comienza con tu bolígrafo en la parte inferior y dibuja una línea hacia arriba. Recuerda que, para conseguir una línea fina y bien definida, no debes presionar.

Descendente

Utilizando una técnica similar, comienza por la parte superior y dibuja una línea hacia abajo. En esta ocasión, presiona y empuja el pincel un poco más para que la línea sea más gruesa. Cuanta más presión, mayor será el grosor.

Curva ascendente

Inicia por la parte inferior, dibujando un trazo curvo hacia arriba. Sin detenerte, curva la línea hacia abajo, añadiendo presión para conseguir un trazo grueso. Esto es complicado, ya que tendrás que cambiar la presión durante el trazo. Hazlo despacio y sigue practicando.

Curva descendente

Este tipo de trazo es lo contrario al giro. Hay que empezar por arriba y dibujar una curva hacia abajo. No te olvides de la presión. En la parte inferior, libera esa presión y dibuja un trazo curvo hacia arriba. Por otro lado, tampoco olvides mantener el movimiento del bolígrafo a lo largo de todo el proceso. Avanza despacio, aunque no demasiado, porque tu mano podría temblar.

Curva compuesta

La curva compuesta es un trazo que se utiliza habitualmente para conectar letras. Recuerda que el bolígrafo no debe dejar la página y debe seguir moviéndose durante todo el trazo. Comenzando por la izquierda, desde abajo, dibuja una curva hacia arriba. Dibuja un trazo curvo descendente y luego repite el trazo hacia arriba. Recuerda que el trazo descendente debe ser grueso y los trazos ascendentes finos, por lo que debes terminar con dos líneas finas y una gruesa en el medio.

Óvalo

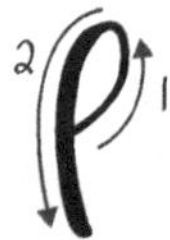

Un óvalo es simplemente un círculo alargado con variaciones de línea. Comienza por la parte superior y dibuja una curva hacia abajo. Luego, en la parte inferior, libera la presión y dibuja una curva hacia arriba, y, , esta vez, en lugar de terminarla, cúrvala para conectarla de nuevo con la línea descendente en la parte superior.

Bucle Ascendente

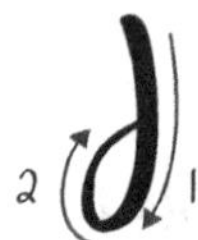

El bucle ascendente se utiliza para las letras que están por encima de la línea media, como la h, la b, la d, etc. En primer lugar, debes situar el bolígrafo más o menos a la mitad de la altura en la que quieres que termine el trazo. Crea un trazo curvo ascendente y haz una forma ovalada. Después, mantén el bolígrafo en movimiento y termina el bucle con un trazo descendente y en línea recta. Este bucle casi siempre se combinará con otro trazo para formar una letra completa.

Bucle descendente

El bucle descendente sigue las mismas pautas que el bucle ascendente. Se trata de un trazo para terminar una letra, y el recorrido siempre cae por debajo de la línea de base. Es un trazo que forma parte de letras como la g y la y y, además, es uno sobre el que suelen construirse las florituras.

Para iniciarlo, coloca el bolígrafo en el medio del lugar donde quieres que esté situado y dibuja un trazo descendente que se curve al final. Mantén el bolígrafo en movimiento, suelta la presión y dibuja un trazo curvo ascendente. Al final deberías tener una forma cerrada similar a la de un óvalo.

UNA VEZ QUE TE HAYAS FAMILIARIZADO CON LOS DIFERENTES TRAZOS, ¡PUEDES PASAR A PRACTICAR EN LAS SIGUIENTES PÁGINAS! EN CASO DE QUE TE QUEDES ATASCADO, SIEMPRE PUEDES VOLVER A LAS EXPLICACIONES.

TRAZOS BÁSICOS

El alfabeto del brush lettering puede resultar un poco más difícil. Con tantos trazos y términos diferentes, ¡es abrumador! Sin embargo, esta sección está aquí para aportar un poco más de claridad y para guiarte a través de cada letra.

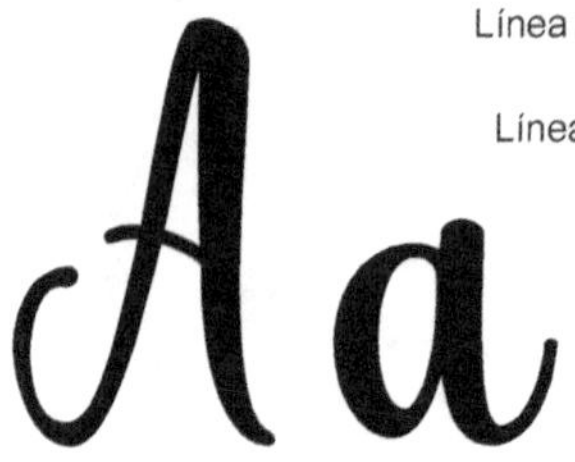

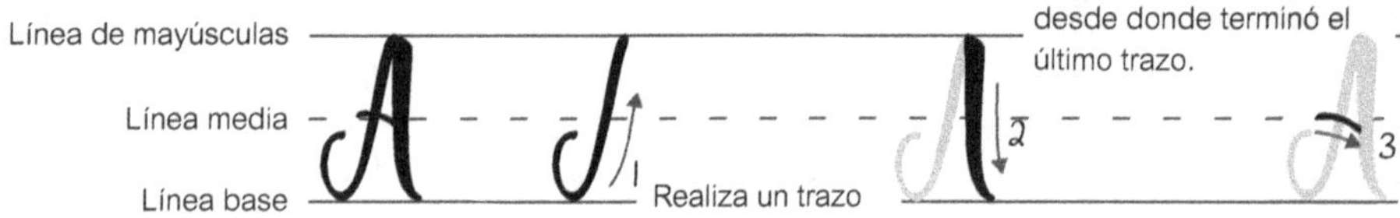

Línea de mayúsculas

Línea media

Línea base

Haz un trazo descendente desde donde terminó el último trazo.

Realiza un trazo ascendente, rizándolo al principio.

3 Añade un trazo cruzado de forma horizontal.

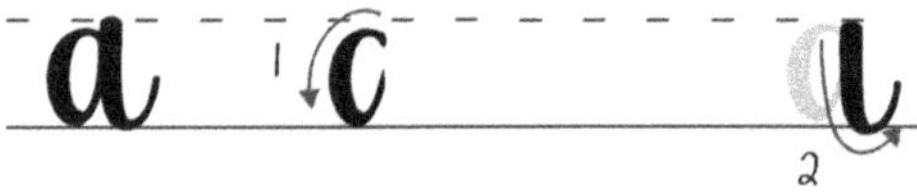

Dibuja un óvalo, dejándolo abierto en la parte superior derecha.

Haz una curva descendente desde el punto de partida del óvalo.

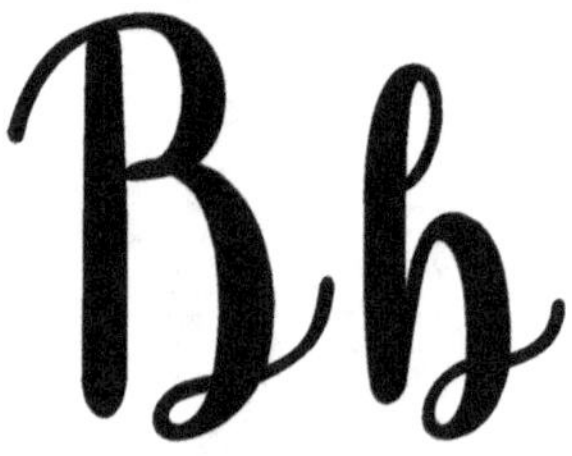

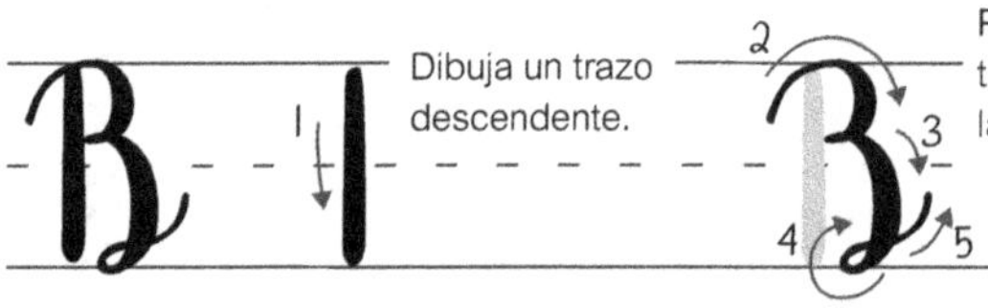

Dibuja un trazo descendente.

Partiendo de la parte superior del último trazo, haz dos curvas ascendentes de lado en forma de B.

Agrega un bucle en la parte inferior.

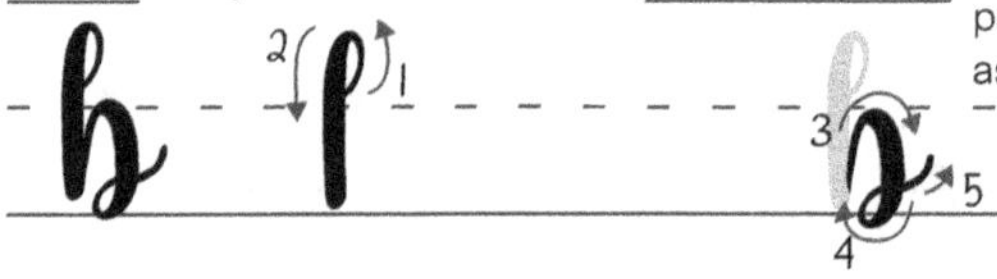

Dibuja un bucle ascendente.

Haz una curva ascendiente lateral partiendo del centro del bucle ascendente.

Añade un bucle en la parte inferior del trazo.

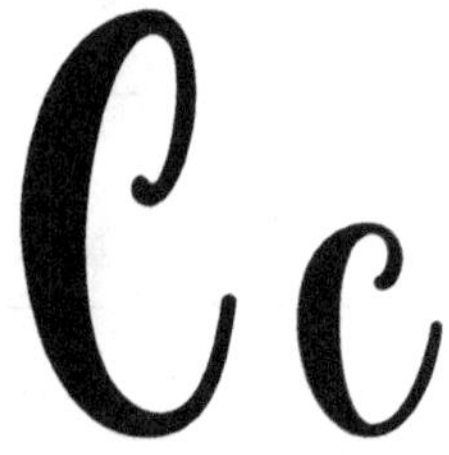

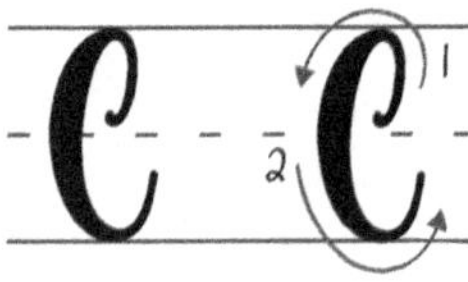

La C es muy similar al trazo básico del óvalo, con la diferencia de que este se deja abierto.

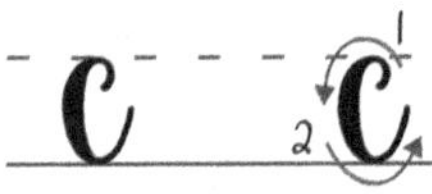

Dibuja la c minúscula como la C mayúscula, pero hazlo entre la línea media y la línea base.

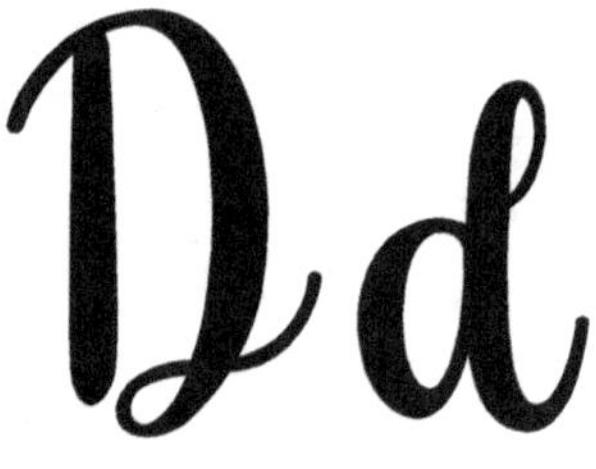

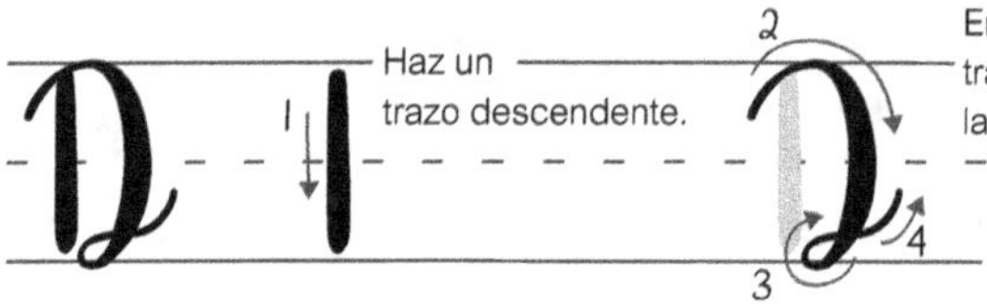

Haz un trazo descendente.

Empezando por el exterior del último trazo, realiza una curva ascendiente lateral.

Añade un bucle en la parte inferior.

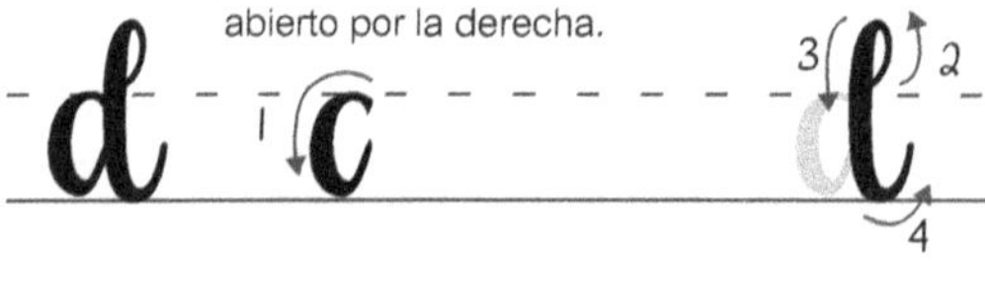

Dibuja un óvalo, dejándolo abierto por la derecha.

Haz un bucle ascendente, conectándolo con el reverso abierto del trazo anterior.

Línea de mayúsculas

Línea media

Línea base

Dibuja una curva descendente lateral.

Partiendo de donde terminó el último trazo, conecta con una nueva curva descendente, haciéndola más grande.

Dibuja un pequeño bucle ascendente, manteniéndolo por debajo de la línea media y llevando la cola hacia arriba.

Dibuja un trazo descendente.

Haz un trazo cruzado y ligeramente curvo en la parte superior.

Agrega otro trazo cruzado en la línea media.

Añade un pequeño trazo ascendente que salga de la letra.

Si divides la "f" minúscula en trazos básicos, primero dibujarás un bucle ascendente.

A partir del último trazo, dibuja un bucle descendente, cerrándolo en la línea base. ¡Practica la conexión de los dos trazos sin levantar el bolígrafo entre ellos!

Dibuja la forma de una "C".

Agrega un bucle descendente, comenzando desde donde terminó el último trazo.

Haz un óvalo, dejándolo abierto a la derecha.

Añade un bucle descendente, empezando por la parte superior del último trazo, llevando la cola un poco hacia arriba.

Realiza un trazo descendente.

Repite, espaciando un poco las líneas.

Agrega un trazo cruzado.

Dibuja un bucle ascendente.

A partir de la mitad del último trazo, haz una curva compuesta.

Línea de mayúsculas

Línea media

Línea base

Haz un trazo descendente.

Agrega un pequeño trazo cruzado en la parte superior y en la inferior.

Dibuja una curva descendente, que termine justo por encima de la línea base.

Coloca un punto encima.

Dibuja un bucle descendente.

Añade una barra cruzada ligeramente curvada en la parte superior.

Realiza un bucle descendente, rizándolo y llevando la cola hacia arriba.

Pon un punto encima.

Haz un -trazo descendente.

Dibuja un nuevo trazo descendente, curvándolo y conectándolo con el primero en la línea media. Partiendo de donde terminó el último, dibuja otro trazo descendente similar.

Dibuja un bucle ascendente.

A mitad del trazo, agrega un pequeño óvalo, comenzando y terminando en el mismo punto.

Conectándola con el óvalo, haz una curva descendente.

Dibuja un bucle ascendente.

A partir del punto en que terminó el último trazo, realiza un bucle. Practica la conexión de los dos trazos sin levantar el bolígrafo entre ellos.

Haz un bucle ascendente.

Sub ligeramente en la cola.

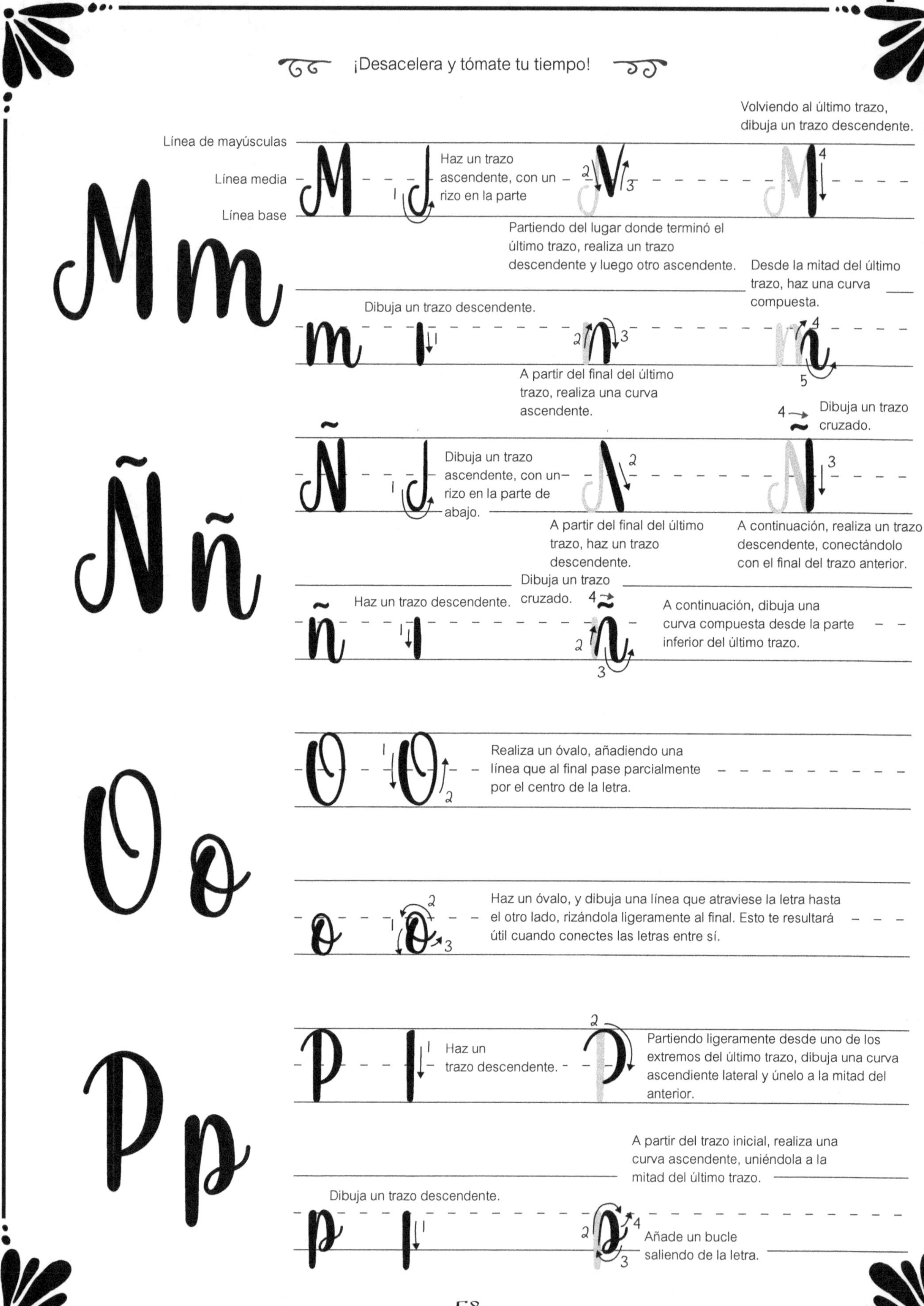

Volviendo al último trazo, dibuja un trazo descendente.

Línea de mayúsculas
Línea media
Línea base

M

Haz un trazo ascendente, con un rizo en la parte

Partiendo del lugar donde terminó el último trazo, realiza un trazo descendente y luego otro ascendente.

Desde la mitad del último trazo, haz una curva compuesta.

Dibuja un trazo descendente.

m

A partir del final del último trazo, realiza una curva ascendente.

Dibuja un trazo cruzado.

Ñ

Dibuja un trazo ascendente, con un rizo en la parte de abajo.

A partir del final del último trazo, haz un trazo descendente.

A continuación, realiza un trazo descendente, conectándolo con el final del trazo anterior.

Dibuja un trazo cruzado.

Haz un trazo descendente.

ñ

A continuación, dibuja una curva compuesta desde la parte inferior del último trazo.

O

Realiza un óvalo, añadiendo una línea que al final pase parcialmente por el centro de la letra.

o

Haz un óvalo, y dibuja una línea que atraviese la letra hasta el otro lado, rizándola ligeramente al final. Esto te resultará útil cuando conectes las letras entre sí.

P

Haz un trazo descendente.

Partiendo ligeramente desde uno de los extremos del último trazo, dibuja una curva ascendente lateral y únelo a la mitad del anterior.

A partir del trazo inicial, realiza una curva ascendente, uniéndola a la mitad del último trazo.

Dibuja un trazo descendente.

p

Añade un bucle saliendo de la letra.

Esta letra tiene un aspecto casi idéntico al de la "O" mayúscula, lo único diferente es que tiene una raya en la parte inferior.

Línea de mayúsculas

Línea media

Línea base

Dibuja un óvalo y agrega una raya.

Haz un óvalo, dejándolo abierto por la derecha.

A continuación, realiza un bucle descendente desde la parte superior del último trazo.

Añade un ligero trazo que salga de la letra.

Dibuja un trazo descendente.

Comenzando por el exterior del último trazo, haz una curva ascendente que conecte con el centro de este último.

Realiza un trazo descendente.

En la línea media, dibuja una pequeña línea horizontal.

Haz un pequeño trazo ascendente.

Empezando por el final de la línea horizontal, dibuja una curva descendente.

Realiza un bucle ascendente abierto, continúa dibujando en un bucle descendente abierto.

Hazla como la "S" mayúscula, a menor escala.

Al finalizar, el trazo atraviesa la letra, para poder unirlo a la siguiente letra.

Haz un trazo descendente.

Dibuja un trazo cruzado levemente curvado.

Haz un trazo descendente, llevando la cola un poco más arriba.

Agrega una barra cruzada cerca de la parte superior de la letra.

Línea de mayúsculas

Línea media

Línea base

Dibuja una curva descendente.

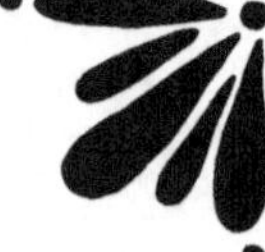

Realiza un trazo descendiente que conecte con la curva.

Es muy parecida a la "U" mayúscula, solamente hay que hacerla de manera más pequeña y llevar la cola un poco hacia arriba.

Haz un trazo descendente inclinado.

Iniciando desde el final del último trazo, realiza un trazo ascendente inclinado hacia el otro lado.

Dibuja como una "V" mayúscula, a una escala menor, y agrega un bucle y una cola.

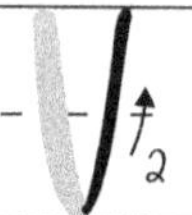

Realiza una curva descendente, terminándola antes de lo habitual.

Conectando con la última, traza otra curva descendente.

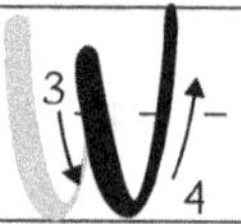

Dibuja como una "W" mayúscula a menor escala.

Agrega un bucle al final.

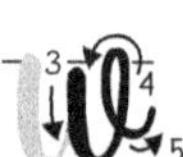

Haz un trazo inclinado descendente.

Partiendo de la línea base, dibuja un trazo ascendente en sentido contrario, que se cruzará con el primero en la línea media.

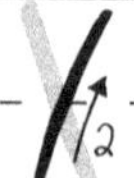

Dibuja un trazo curvo y descendente.

Comenzando en la línea base, realiza un trazo ascendente, inclinado en la dirección opuesta, y que cruce el primer trazo en el centro.

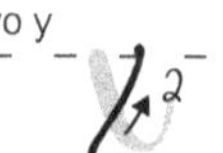

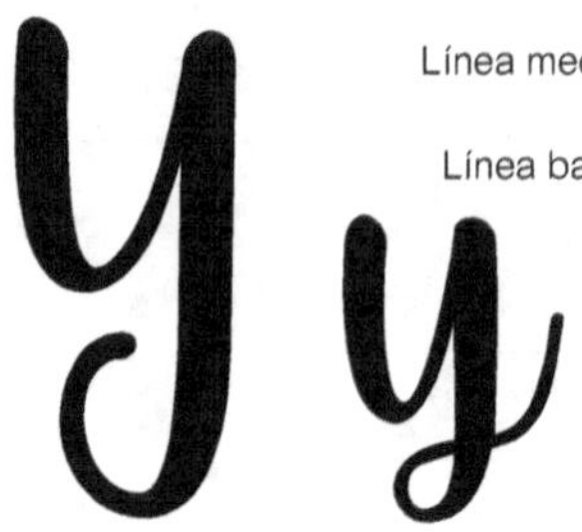

Línea de mayúsculas

Línea media

Línea base

Haz una curva descendente.

A continuación, desde la parte final de ésta, dibuja un bucle descendente.

Realiza una curva descendente.

A partir del final, dibuja un bucle descendente, elevando un poco la cola.

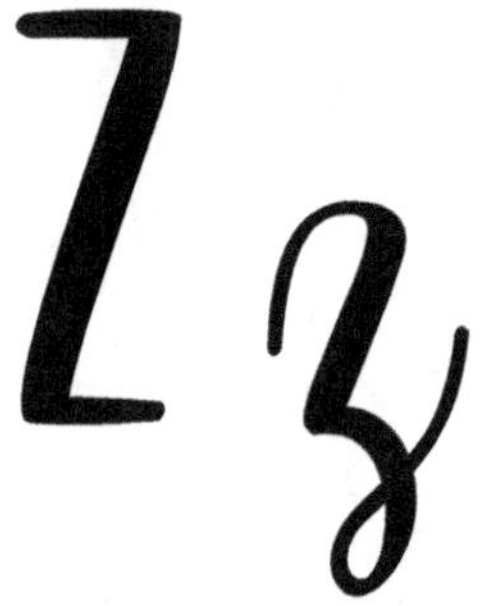

Dibuja un trazo horizontal en la línea de las mayúsculas.

Haz un trazo inclinado que esté conectado al último.

Realiza otro trazo horizontal en la línea base.

Dibuja una curva ascendente.

Empezando donde terminó el último trazo, haz una cola, añadiéndole un bucle.

¡Practica aquí!

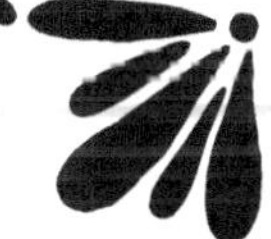

Conectando las letras

Ahora que te has familiarizado con el alfabeto en sí mismo, es el momento de pasar a conectar las letras entre sí.

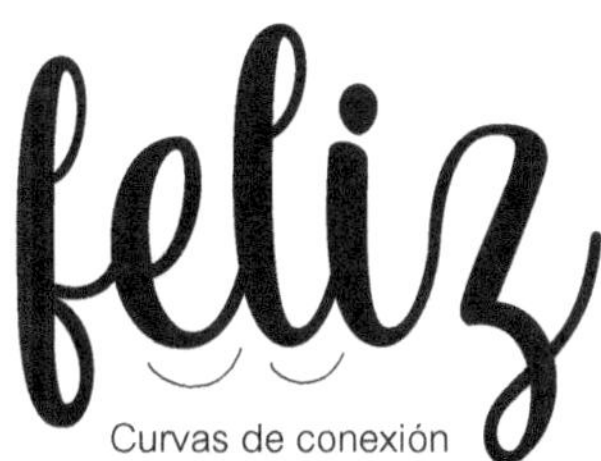

Curvas de conexión

Tomando la palabra "feliz" como ejemplo, podemos ver algunos puntos clave a la hora de conectar las letras. Todas las letras deben conectarse de manera similar. Las curvas de conexión de la e y la l son de una longitud y forma similares y se encuentran en la misma zona general de las letras. El espacio entre letras también debe ser coherente; en la palabra "feliz", por ejemplo, la distancia entre todas las letras es más o menos la misma.

Muchas letras confluyen de forma natural unas con otras, aunque no siempre es así. Varias de ellas terminan y empiezan en lugares diferentes: unas en la línea media, otras en la línea base y algunas no tienen un punto de conexión claro. Cuando eso ocurra, trata de encontrar distintas formas de conectar la letra y selecciona tu favorita. Aquí tienes algunos ejemplos:

Conectando O y M:

om   om

Conectando E y R:

er   er

Deben evitarse demasiadas conexiones en bucle, ya que pueden resultar confusas. Como en los ejemplos siguientes, puede resultar difícil saber qué letra es cada una debido a todos los bucles.

Conectando V y R:

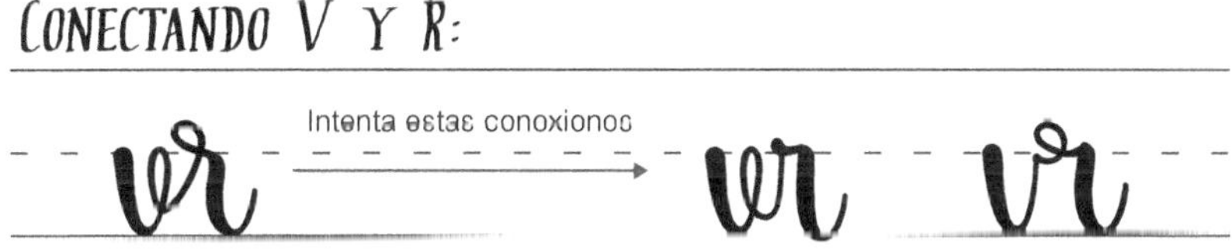

Lo último que debes recordar es que no tienes que unir todas las letras. A veces, al dejarlas separadas se ven mejor, ¡así que intenta eso también!

Conectando las letras

¡Usa las próximas páginas para practicar algunas conexiones básicas!

ah

du

fe

br

er

vr

yr

wr

ki

pe

ph

ox

ll

mm

tt

ss

CONECTANDO LAS LETRAS

Cuando te acostumbres a las conexiones cortas, puedes probar con estas palabras más largas para seguir practicando.

paz

vida

amor

dulce

deseo

sueño

creer

valor

verano

vibras

gracia

alegria

bendición

brillante

esperanza

amabilidad

hermoso

sencillez

Navidad

fin de semana

Florituras

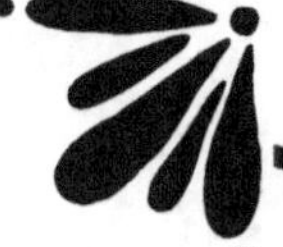

Las florituras no son fáciles de dominar, pero vale la pena el esfuerzo ya que son una forma estupenda de embellecer una palabra o hacer que destaque sobre otras. Pueden ser tan sencillas o complejas como quieras; todo depende de ti.

Puede resultar conveniente que empieces a practicar las florituras desde un principio. Así, cuando te familiarices con los estilos de letra, podrás incorporarlas de inmediato.

Al añadir las florituras, como con todas las letras, recuerda mantener un agarre ligero de tu herramienta de trabajo. No te limites a mover los dedos, sino que mueve todo el brazo, de lo contrario, las líneas se volverán temblorosas, especialmente con las florituras más grandes. En lo que respecta a los trazos, asegúrate de no cruzar dos líneas gruesas y no intentes poner demasiadas en un solo espacio.

Los sitios ideales para añadir florituras son cinco.

Bucles ascendentes
en letras como b, d, f, h, k, l

Al final de una palabra

Bucles descendentes
en letras como f, g, j, p, y, z

Debajo de una palabra

Trazos cruzados

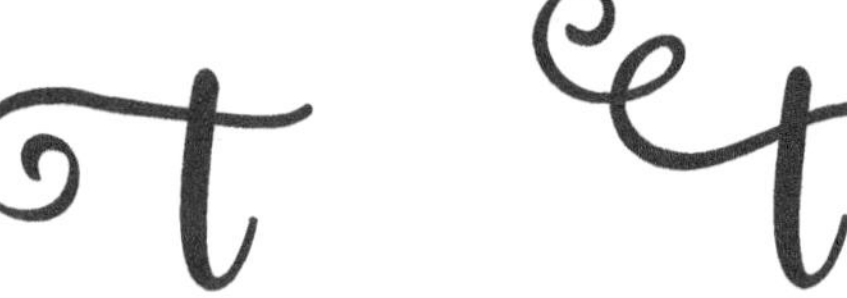

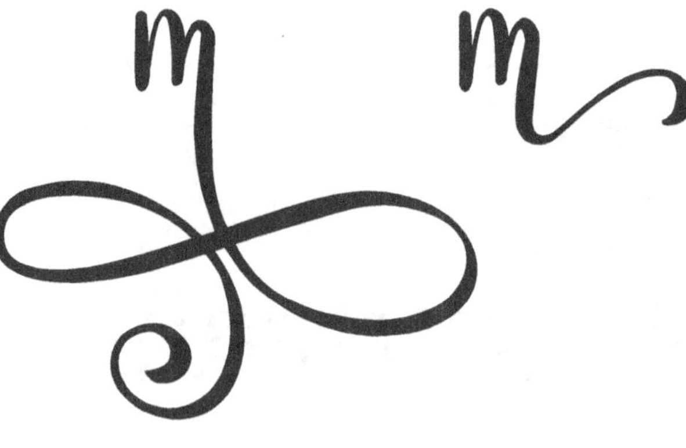

Las siguientes páginas son para que practiques algunas florituras diferentes. Para que sea más sencillo para ti, practica con un lápiz o un bolígrafo en el estilo monolínea. Cuando te sientas más cómodo, podrás empezar a crear variaciones con un rotulador con punta de pincel.

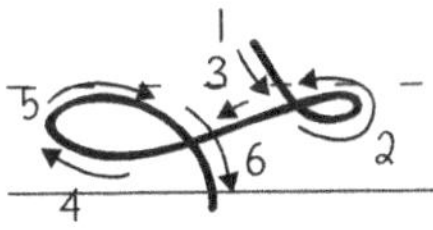

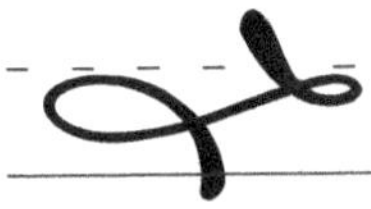

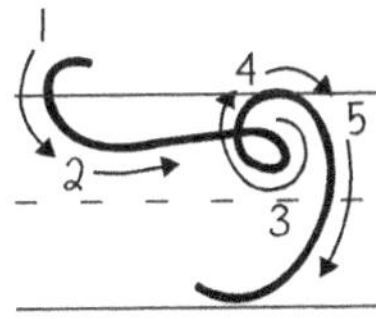

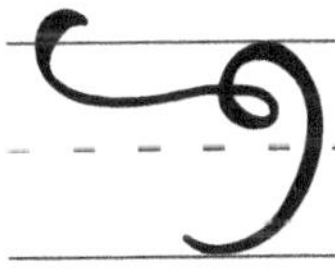

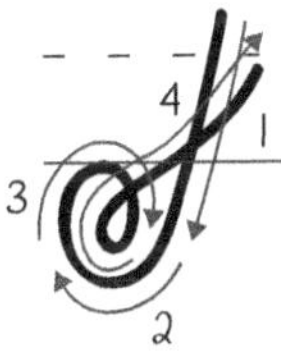

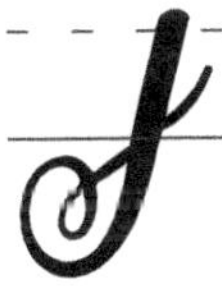

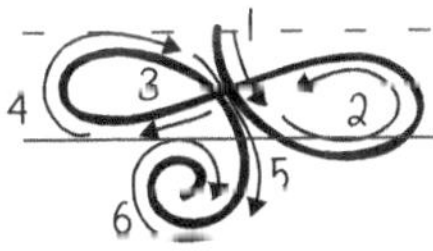

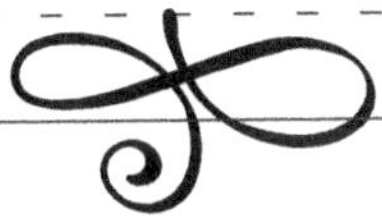

FLORITURAS

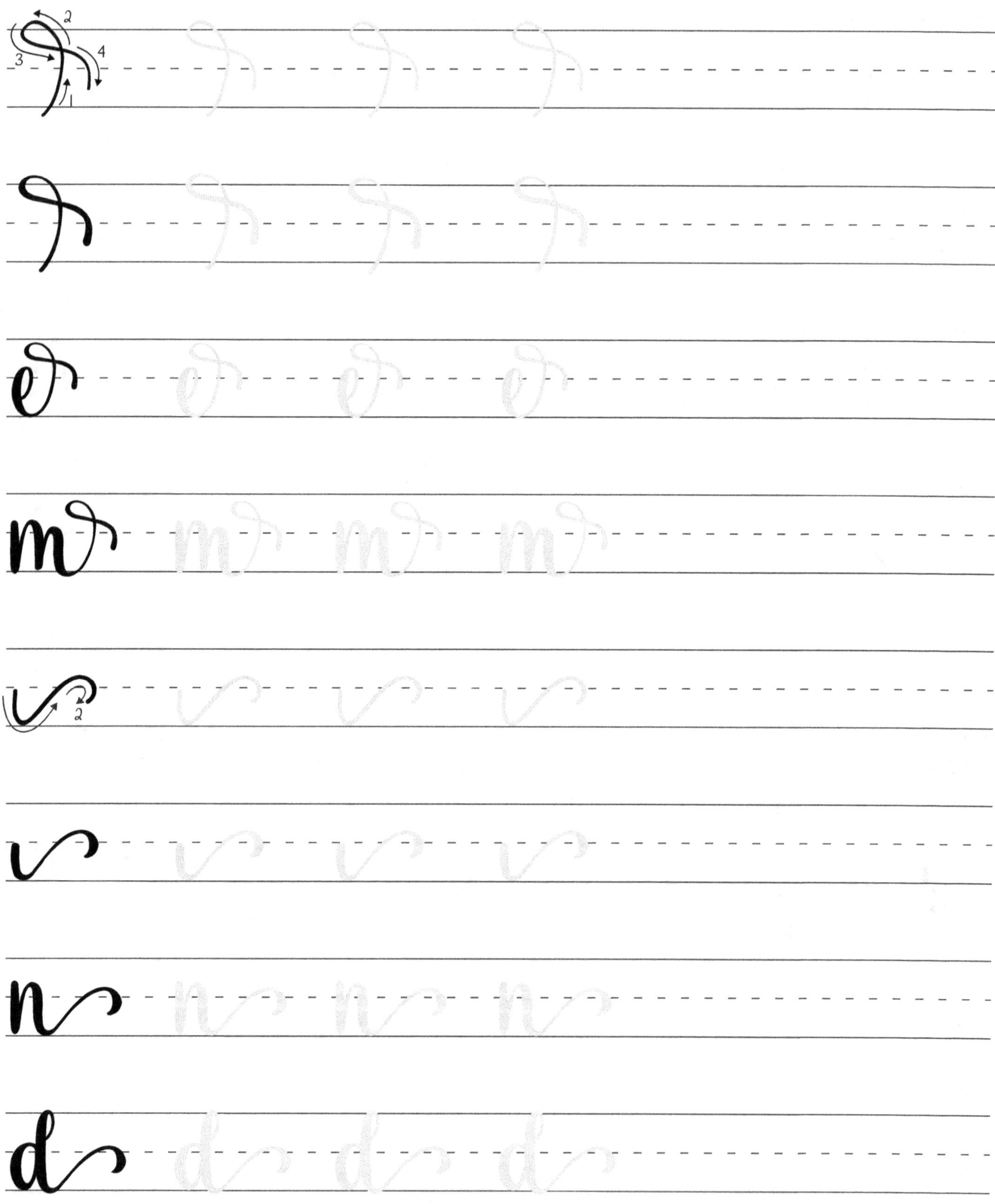

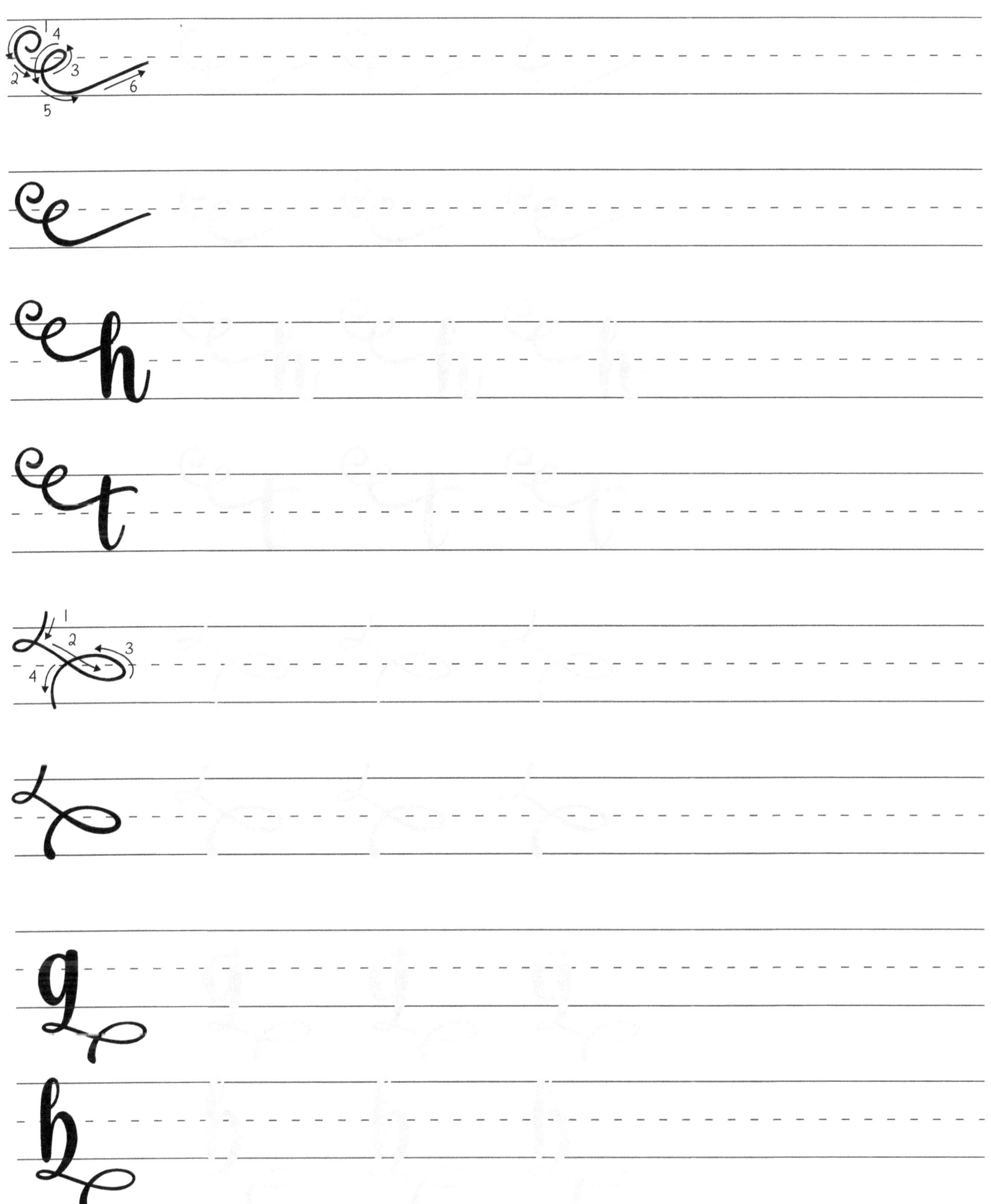

FLORITURAS

Sans Serif

Sans serif es una fuente muy divertida de aprender ¡y significará una gran adición para tu colección de habilidades! Podrás modificar todo lo relacionado con la letra —hacerla estrecha o ancha, alta o corta— y obtener un aspecto diferente en cada ocasión. Es un estilo muy minimalista y limpio, y es mejor utilizarlo junto a otros estilos más fluidos para aportar contraste. Tiene un aspecto muy simple, directo y audaz.

Aa Bb Cc Dd Ee Ff
Gg Hh Ii Jj Kk Ll
Mm Ññ Oo Pp Qq Rr
Ss Tt Uu Vv Ww Xx
Yy Zz

El estilo sans serif se puede practicar con cualquier instrumento: cualquier cosa que pueda dar una línea limpia y consistente es lo mejor. Los rotuladores y los bolígrafos, como de costumbre, son los más utilizados, pero los lápices, los lápices de colores y los crayones también son excelentes materiales.

¡UTILIZA LAS PRÓXIMAS PÁGINAS PARA PRACTICAR TU SANS SERIF!

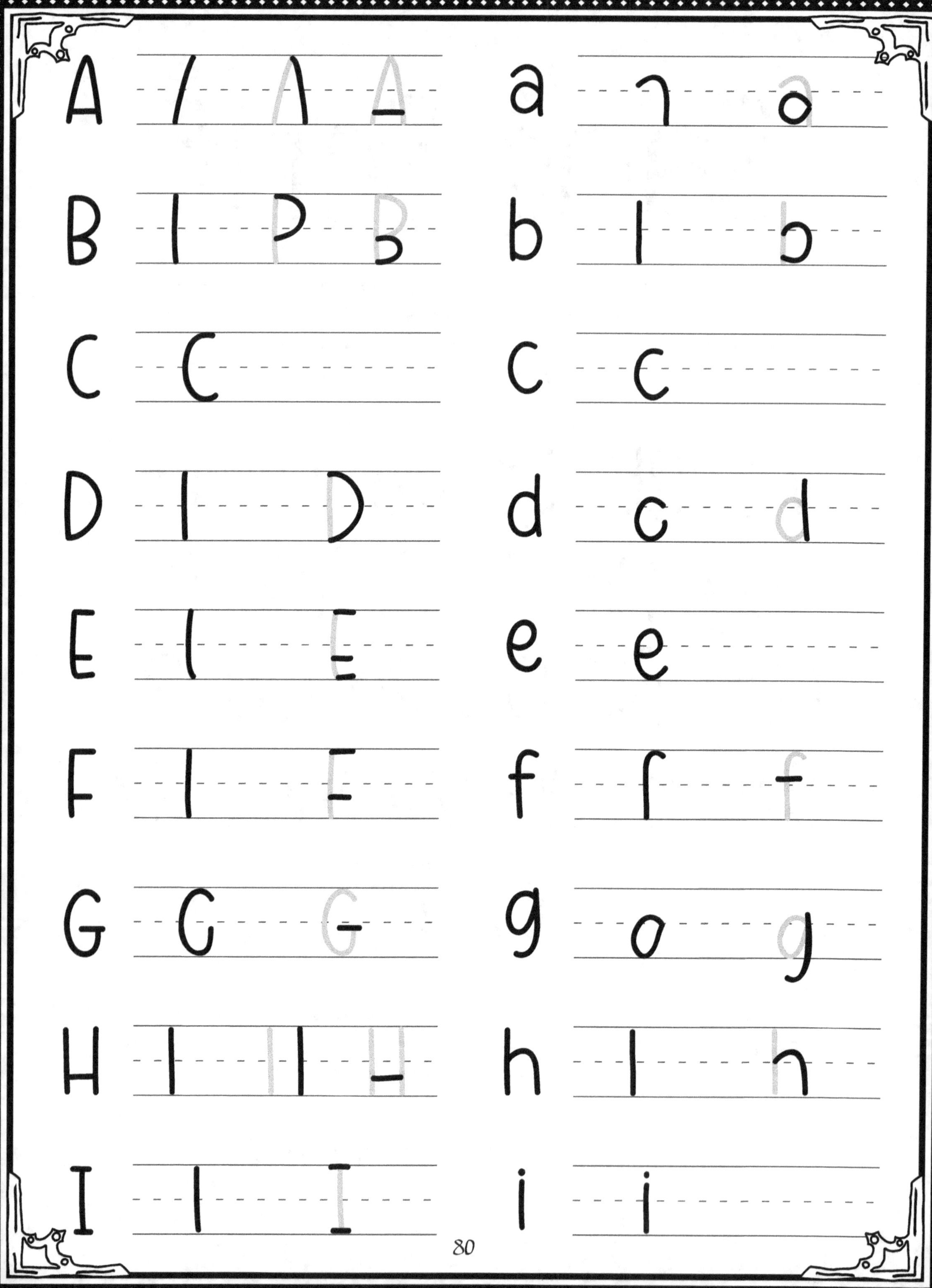

A a
B b
C c
D d
E e
F f
G g
H h
I i

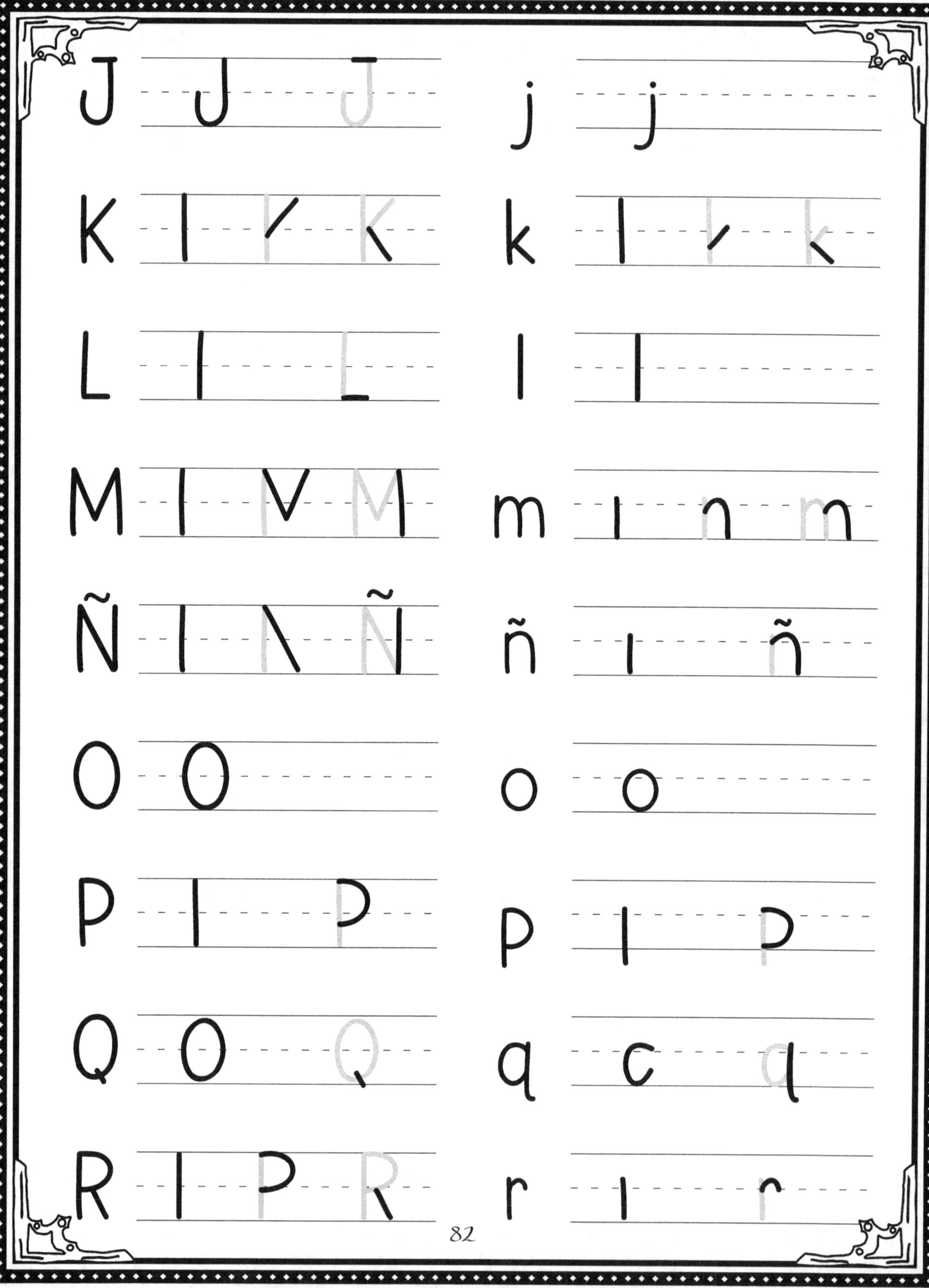

J J J J   j j
K K K K   k k
L L L   l l
M M M   m m n m
Ñ Ñ Ñ   ñ ñ
O O   o o
P P P   P P
Q Q Q   q c q
R R R R   r r

S S S s s s

T T T t t t

U U U u u u

V V V v v v

W W W w w w

X X X x x x

Y Y Y y y y

Z Z Z z z z

¡Practica aquí!

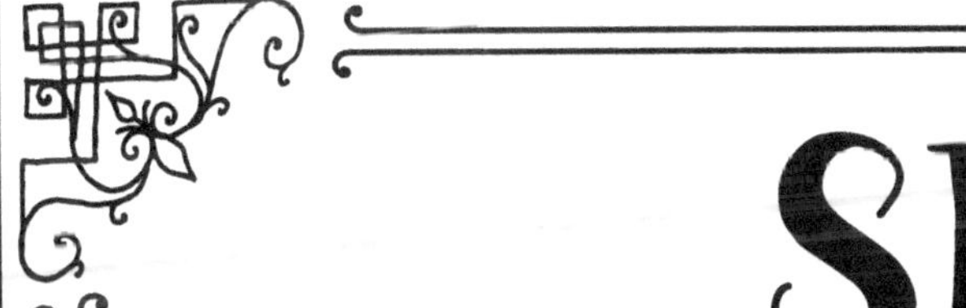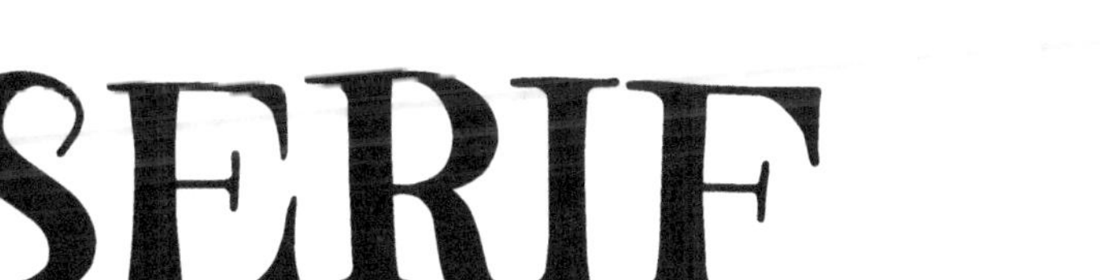

SERIF

El estilo serif tiene las mismas bases que el estilo sans serif, pero su apariencia puede ser muy diferente. En el caso del serif, se añaden pequeños trazos procedentes de la letra que aportan un mayor interés visual. Normalmente, el aspecto es más parecido al de las fuentes de las máquinas de escribir y es algo más difícil que el de las sans serif.

Los instrumentos que mejor sirven son prácticamente los mismos que con las sans serif. Los rotuladores y los bolígrafos son excelentes. Todo lo que pueda usarse de forma precisa es lo mejor, ya que así se consiguen los tamaños y la consistencia adecuados en los trazos adicionales complementarios.

Aa Bb Cc Dd Ee Ff
Gg Hh Ii Jj Kk Ll
Mm Ññ Oo Pp Qq Rr
Ss Tt Uu Vv Ww Xx
Yy Zz

Para diseñar el estilo serif, tendrás que recurrir a una gran cantidad de habilidades que ya has aprendido. Comprueba que dominas todo lo anterior. Ahora veamos cómo se escribe el alfabeto, empezando por la a.

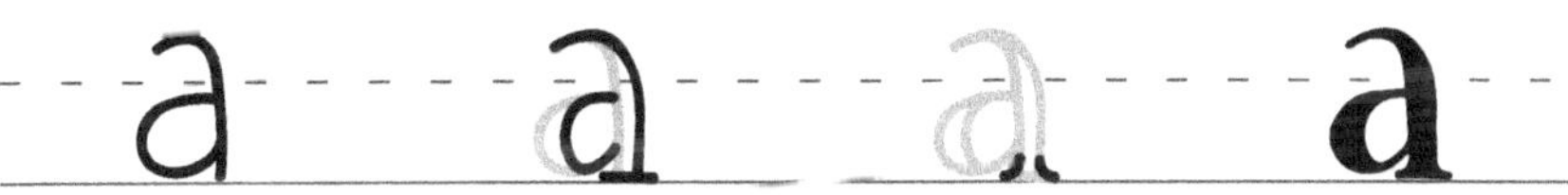

1. Comienza escribiendo tu letra con un estilo sans serif. ¡Que sea sencilla y estilo monolínea!

2. Añade peso a la línea inferior y engrosa manualmente los trazos hacia abajo, igual que en la falsa caligrafía.

3. A ambos lados de la parte inferior de la letra, agrega los trazos adicionales: las serifas.

4. Rellena la letra. ¡Ya tienes una a estilo serif!

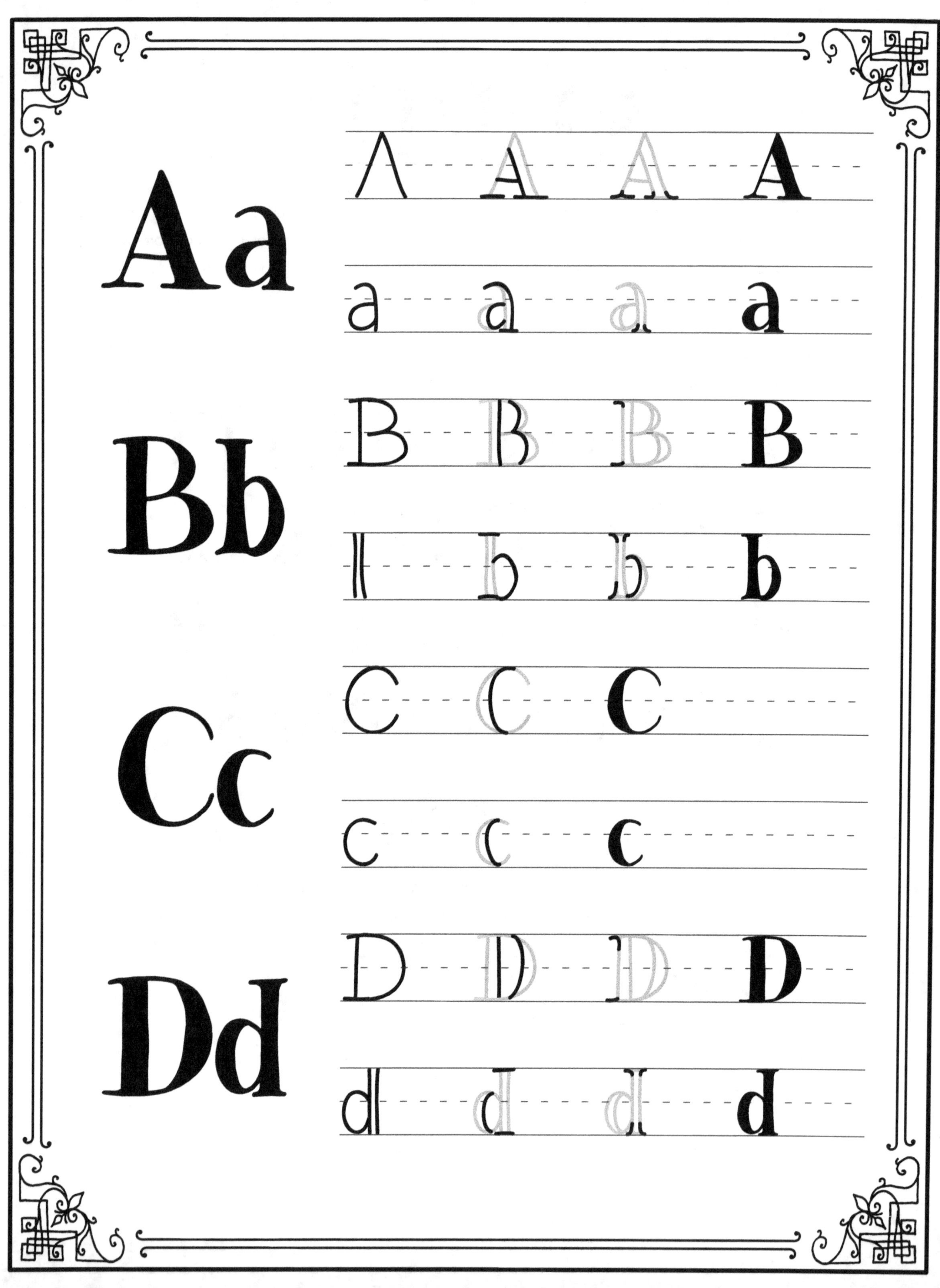

Aa Aa Aa Aa Aa Aa

Aa

Bb Bb Bb Bb Bb

Bb

Cc Cc Cc Cc Cc Cc

Cc

Dd Dd Dd Dd Dd Dd

Dd

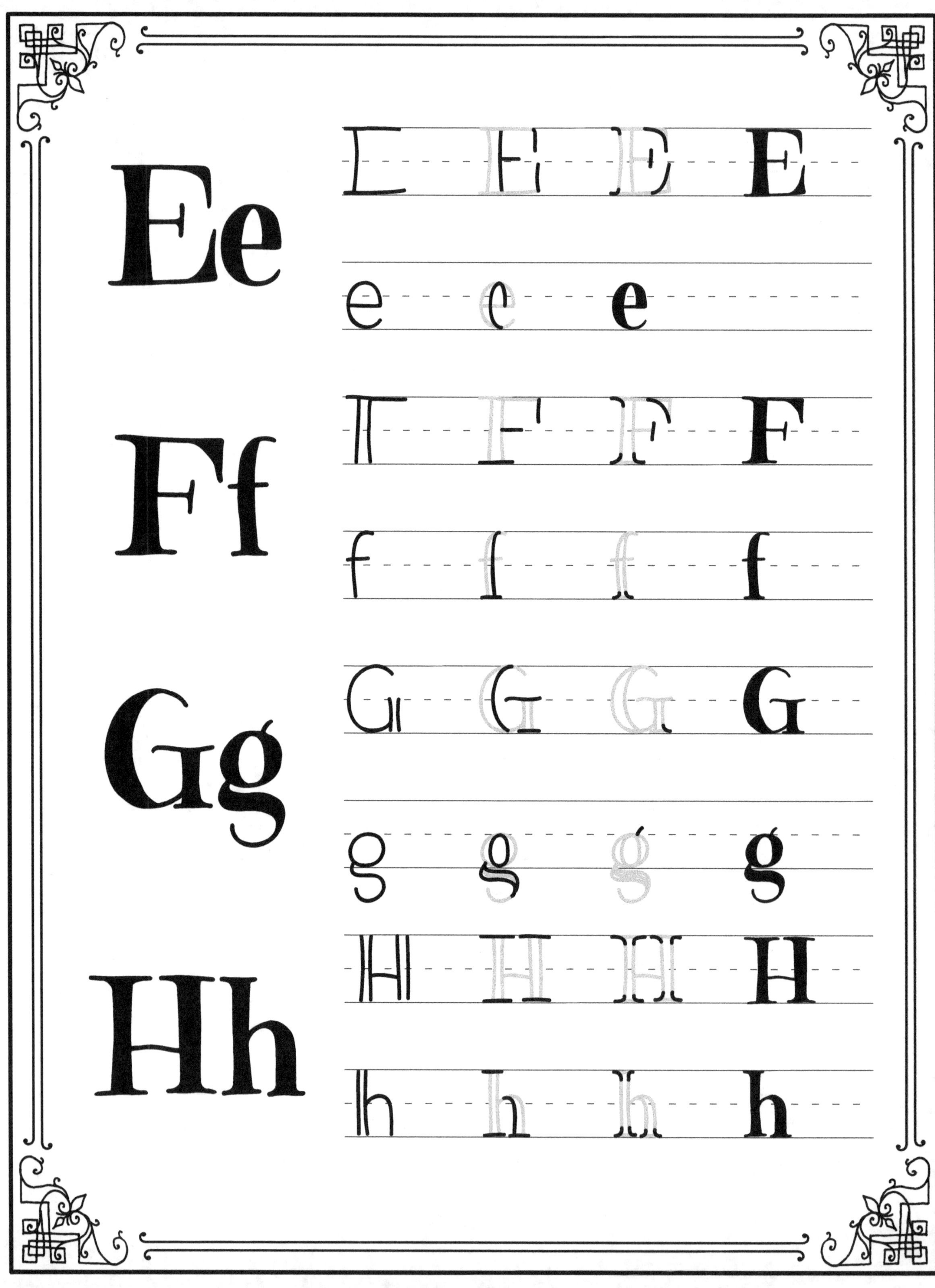

Ee
Ff
Gg
Hh

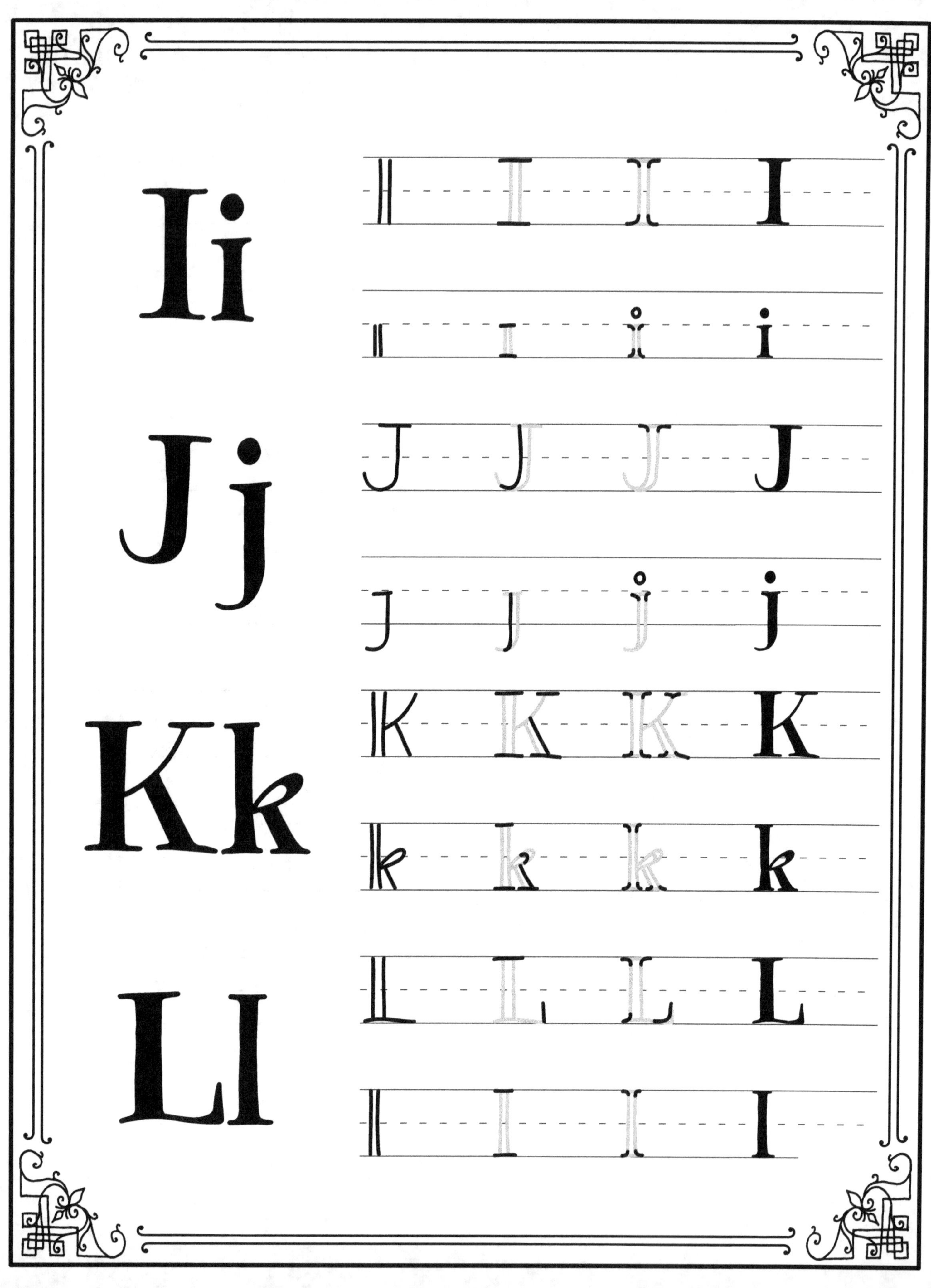

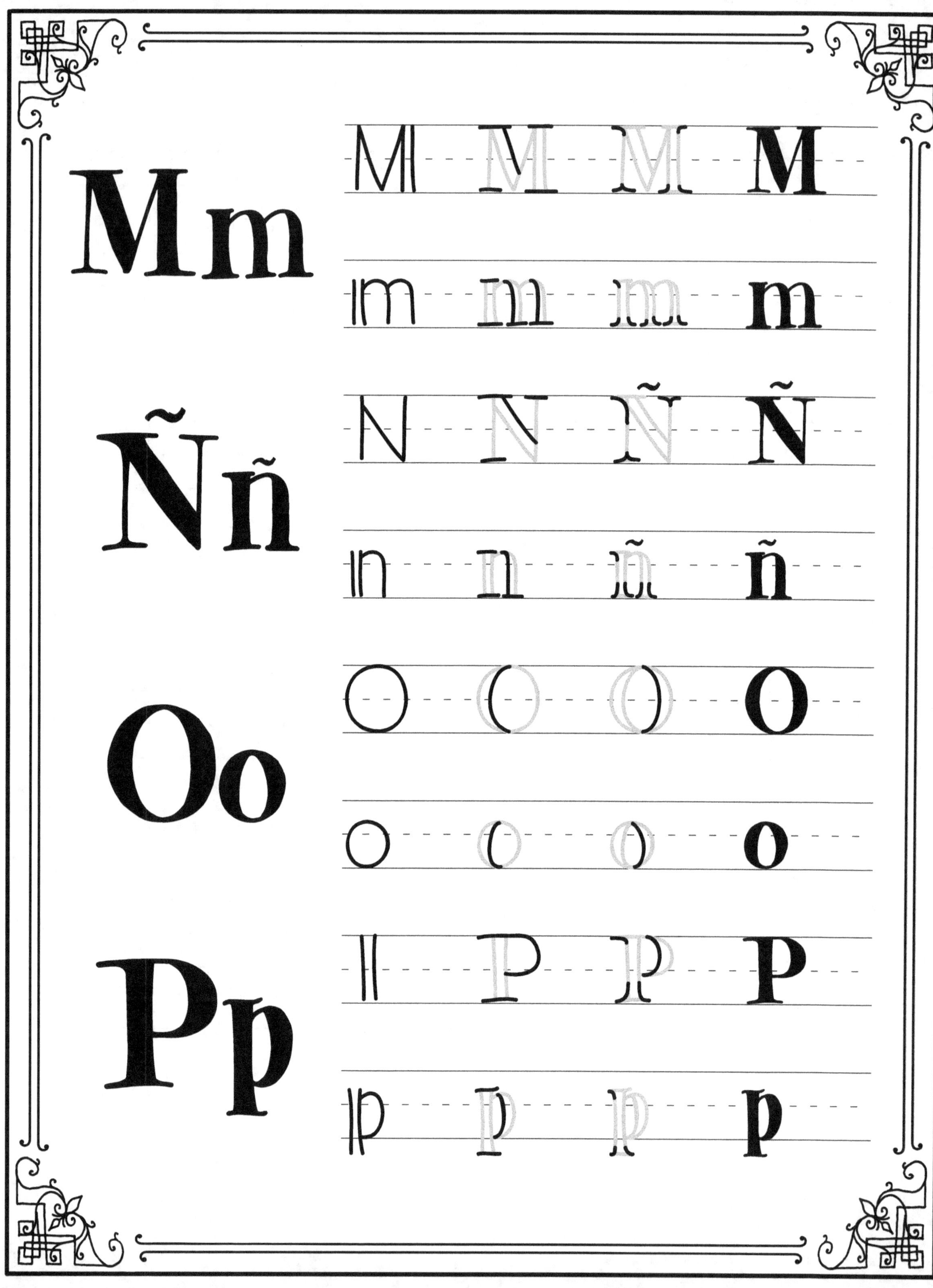
Mm
m
Ññ
n
Oo
o
Pp
p

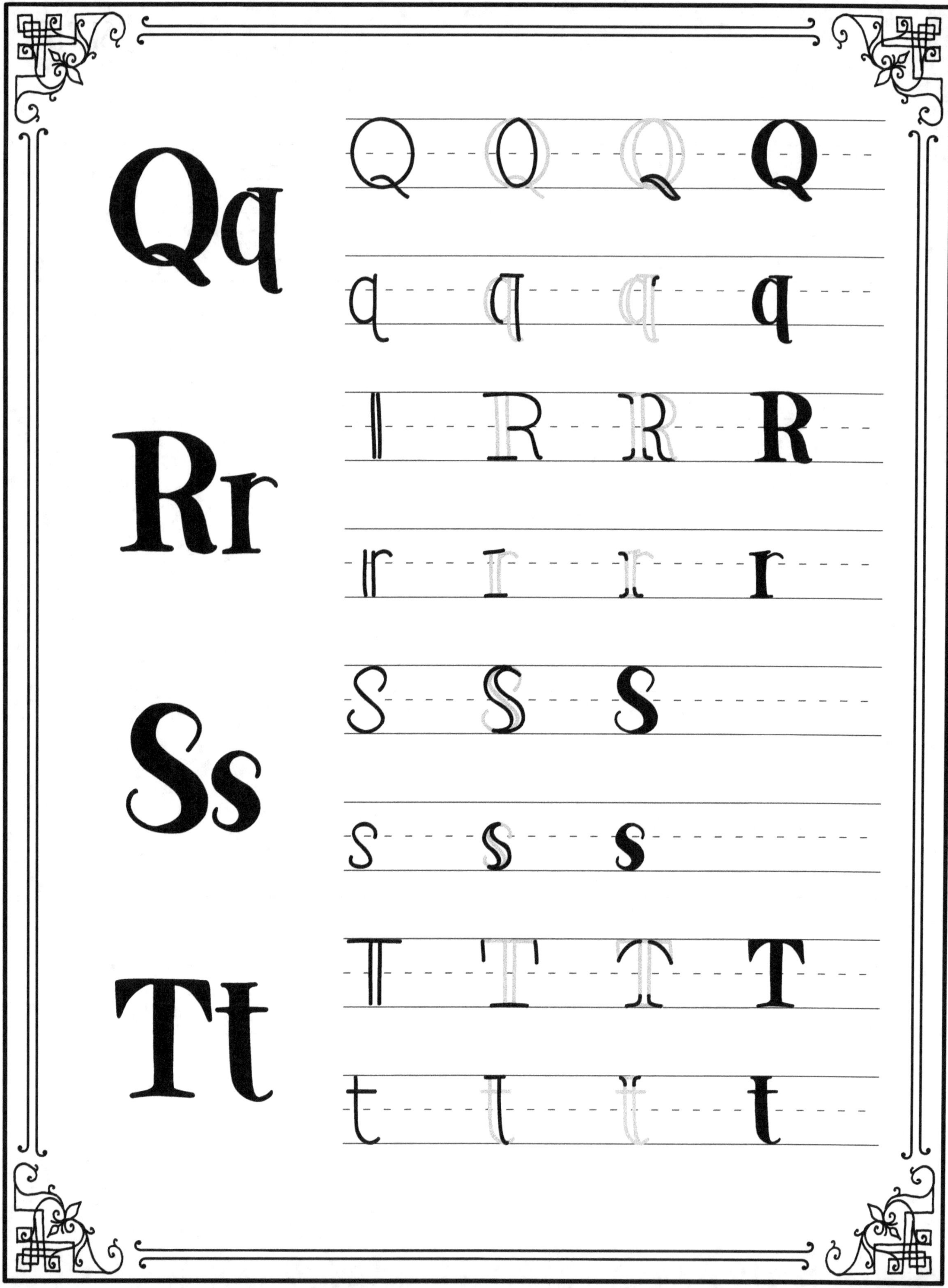

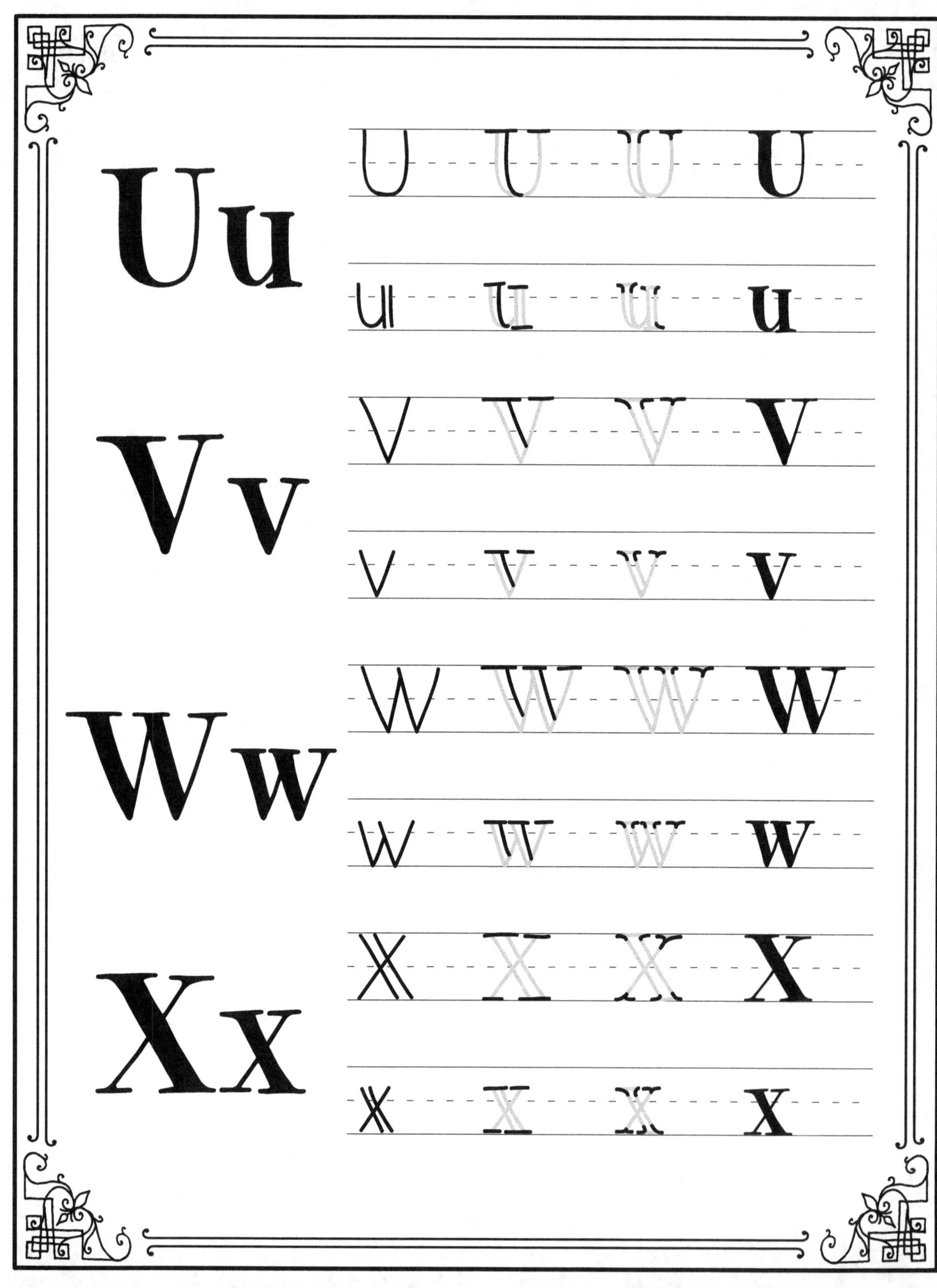

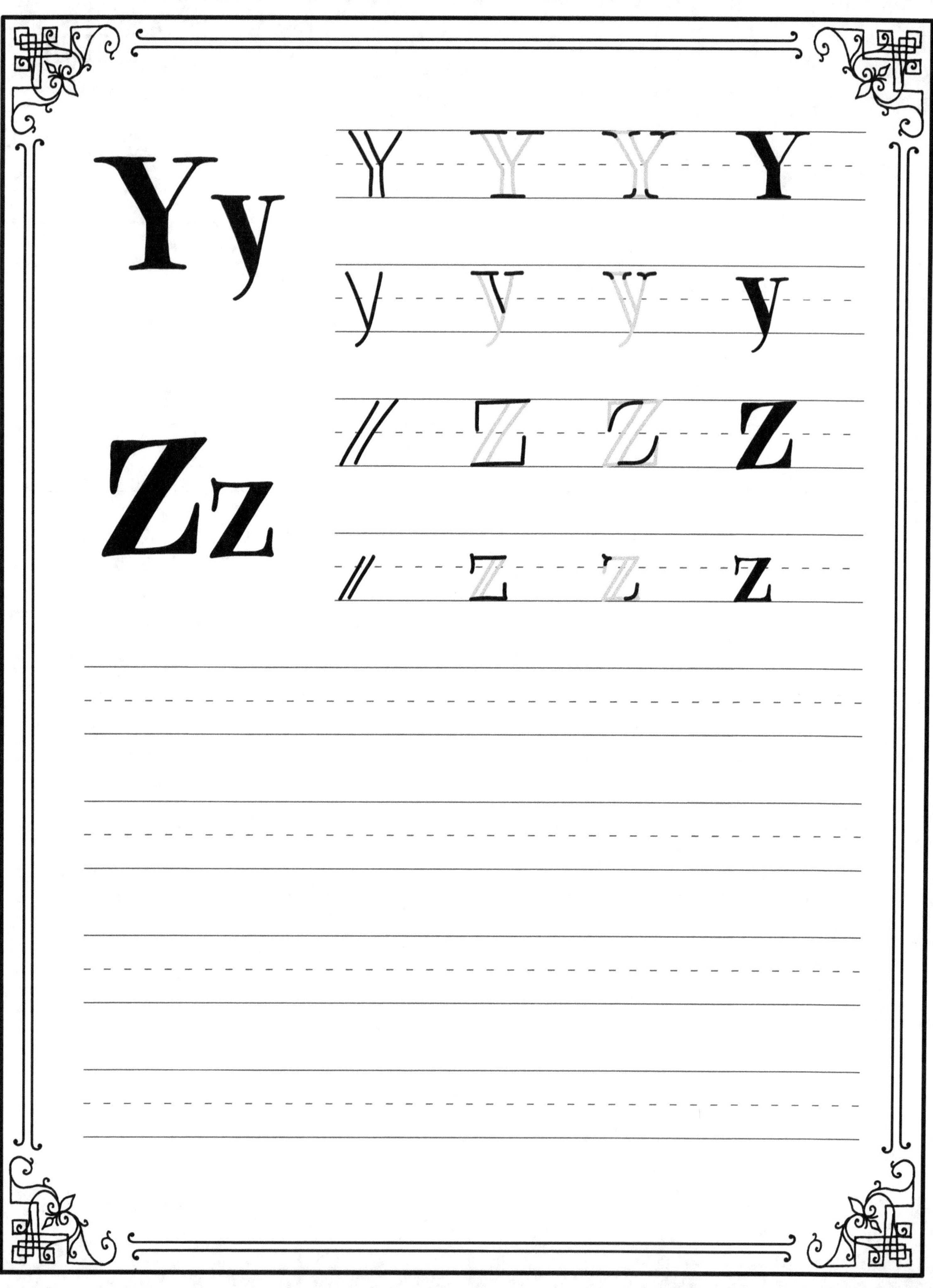

Pongámonos creativos

La fuente serif es altamente personalizable, y existen muchas maneras de hacerla única. A continuación, te presentamos algunas formas de variar el tipo de letra.

Añadiendo rizos

Aa Bb Cc Dd

Utilizando líneas

Ee Ff Gg Hh

Dibujando un contorno

Ii Jj Kk Ll

Agregando puntos

Mm Ññ Oo Pp

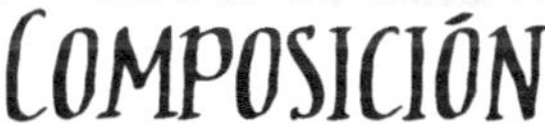

COMPOSICIÓN

El proceso de composición comprende la combinación de letras con otros elementos para formar un diseño completo. Requiere bastante planificación y precisión, así que es recomendable siempre disponer de una regla y un lápiz. Los adornos, la técnica utilizada y algunos estilos de letras desempeñan un papel fundamental.

Componer tus propios diseños puede resultar abrumador y complicado siendo un principiante, ¡pero no te preocupes! No existen reglas estrictas y te recomendamos que experimentes. No obstante, sí hay algunas directrices que te pueden ayudar a que el trabajo quede lo mejor posible. En esta sección te guiaremos a través de esas pautas.

COMBINACIÓN DE ESTILOS DE LETRAS

Al diseñar, a menudo se utilizan varios estilos de letras diferentes para crear más interés. No hay reglas sólidas para esto, pero hay algunas cosas que pueden facilitarte el trabajo.

Si bien al principio puede resultar algo difícil, con la práctica te resultará mucho más sencillo. Respeta la regla general cuando empieces, que consiste en no utilizar más de tres estilos en un mismo diseño, ¡pero cuando ganes experiencia, podrás ignorarla!

Cuando elijas los estilos, ¡sigue tu instinto! Combina los que más te gusten.

- Intenta combinar estilos opuestos, como falsa caligrafía y serif.
- Prueba con diferentes variantes en la escritura, agregando rizos, florituras, etc.
- Al inicio, procura elegir un tema concreto: moderno, informal, tradicional, romántico, etc. Pero a medida que vayas ganando experiencia, podrás combinarlos.

CÓMO COMPONER UN DISEÑO DE LETRAS A MANO

Cuando comiences a experimentar, utiliza un lápiz. Primero, colocolona las palabras claves y diséñalas de diferentes maneras, con distintos tamaños, diferentes adornos, ¡y mucho más! Todo es cuestión de probar. Modifica todo lo que quieras; ¡no existe una forma correcta o incorrecta de hacerlo!

Por otro lado, el uso de bloques forma parte de la composición y lo veremos más adelante. El objetivo es lograr que todo esté organizado correctamente y de manera adecuada. Con un lápiz, resolverás todos los problemas de tu diseño para poder dibujarlo luego utilizando las herramientas más permanentes.

A continuación, veremos los adornos. Se trata de maneras muy fáciles de embellecer tu diseño. Además, también son excelentes para rellenar espacios y aportar equilibrio.

Adornos

Estos no son en absoluto todos los que hay, ¡pero son un buen punto de partida!

Motivos Florales

¡Comencemos con los motivos florales! Están divididos en tres pasos simples para que sea más fácil.

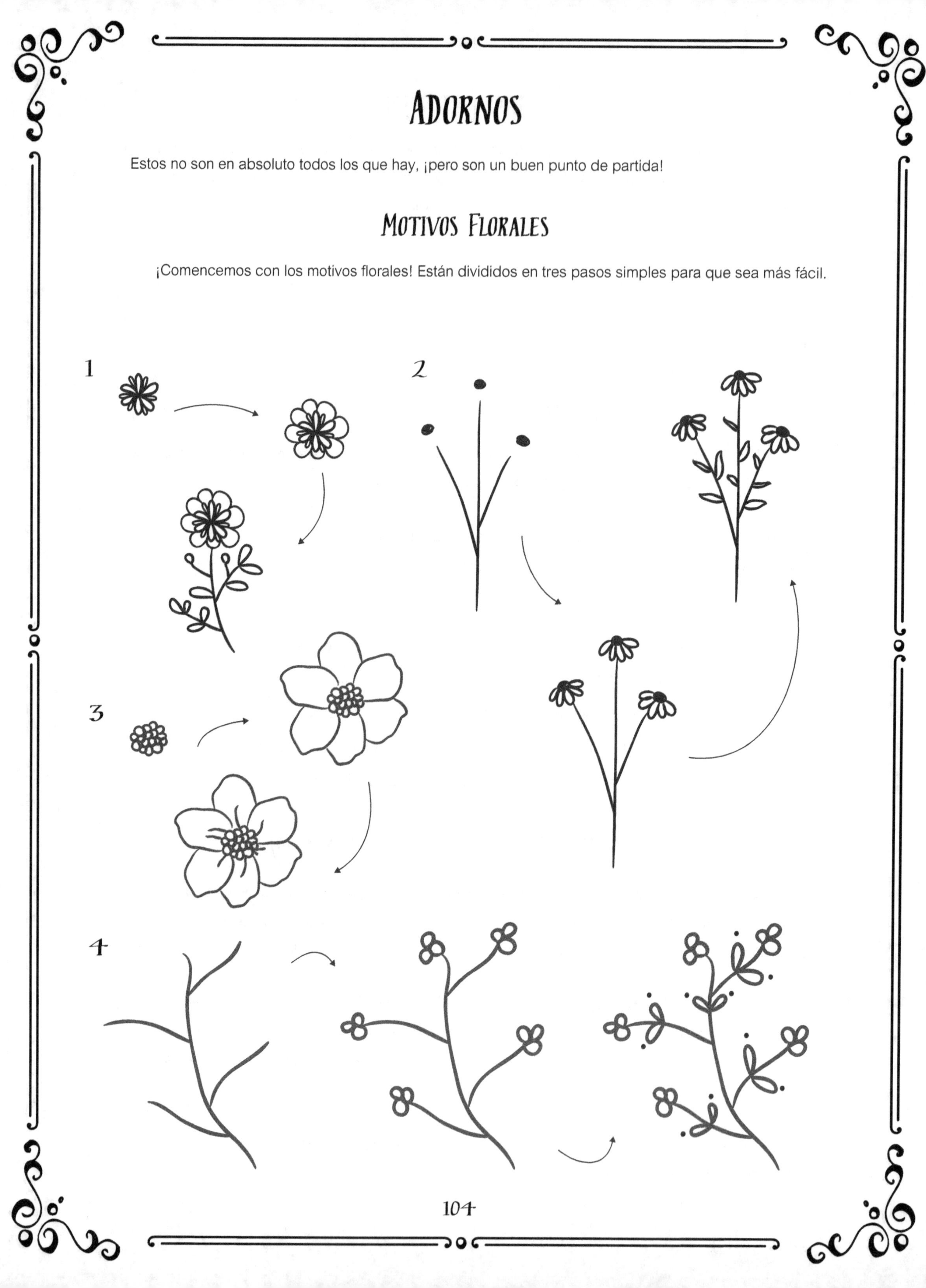

¿Buscas más inspiración? Aquí tienes algunos diseños florales que te servirán para empezar. Te puede ayudar mucho la regla de los tres pasos: observa lo que quieres dibujar y divídelo en unos cuantos pasos más sencillos.

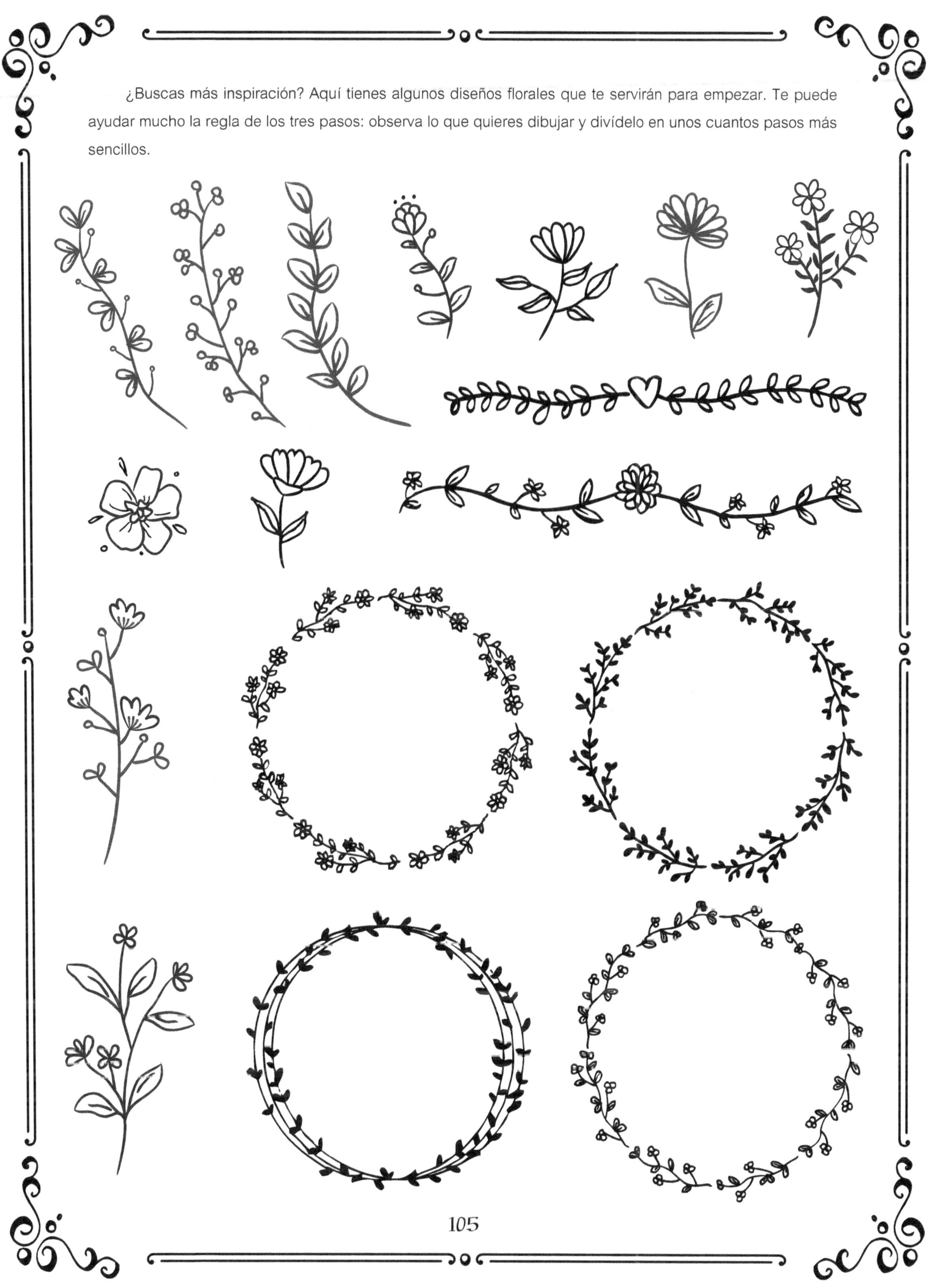

BANDEROLAS

¡Las banderolas son otro adorno de gran utilidad! Son geniales para dibujar alrededor de las palabras que quieres destacar o para hacer un borde para tu diseño.

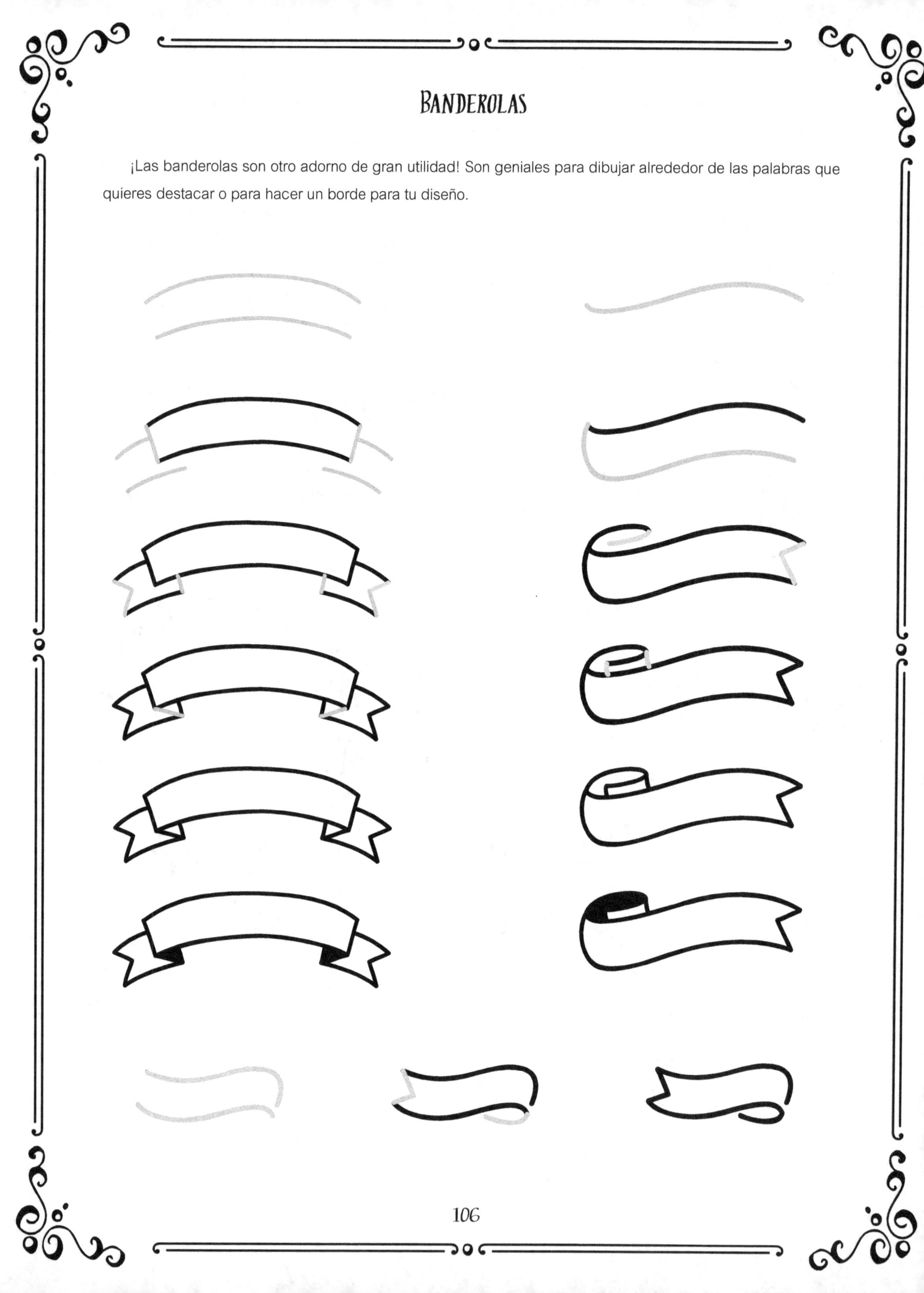

¡Puedes incorporar diversos detalles a tu banderola!

- Dibuja una banderola sencilla.

- Añade algunos trazos de sombreado. Que sean fuertes en los bordes y suaves en la propia banderola. Asegúrate de agregar solo líneas en los extremos, y deja el centro de la banderola en blanco para las letras.

SEPARADORES

Otra herramienta muy útil son los separadores. Se utilizan en los diseños para separar las palabras o en forma de bordes. Estos son algunos ejemplos, aunque como siempre, ¡no dudes en crear otros!

OTROS ESPIRALES Y ORNAMENTOS

Los espirales y ornamentos adicionales son estupendos para rellenar el espacio en los diseños o equilibrar la composición. ¡Aquí tienes unos cuantos!

CÓMO HACER BLOQUES

Ahora que has aprendido todos los aspectos individuales de las letras, es el momento de unirlos todos. Aquí es donde entran en juego los bloques.

1 En primer lugar, elige la frase que quieras escribir y busca las palabras importantes. Procura encontrar las que sean más significativas, ya que serán las que se destaquen.

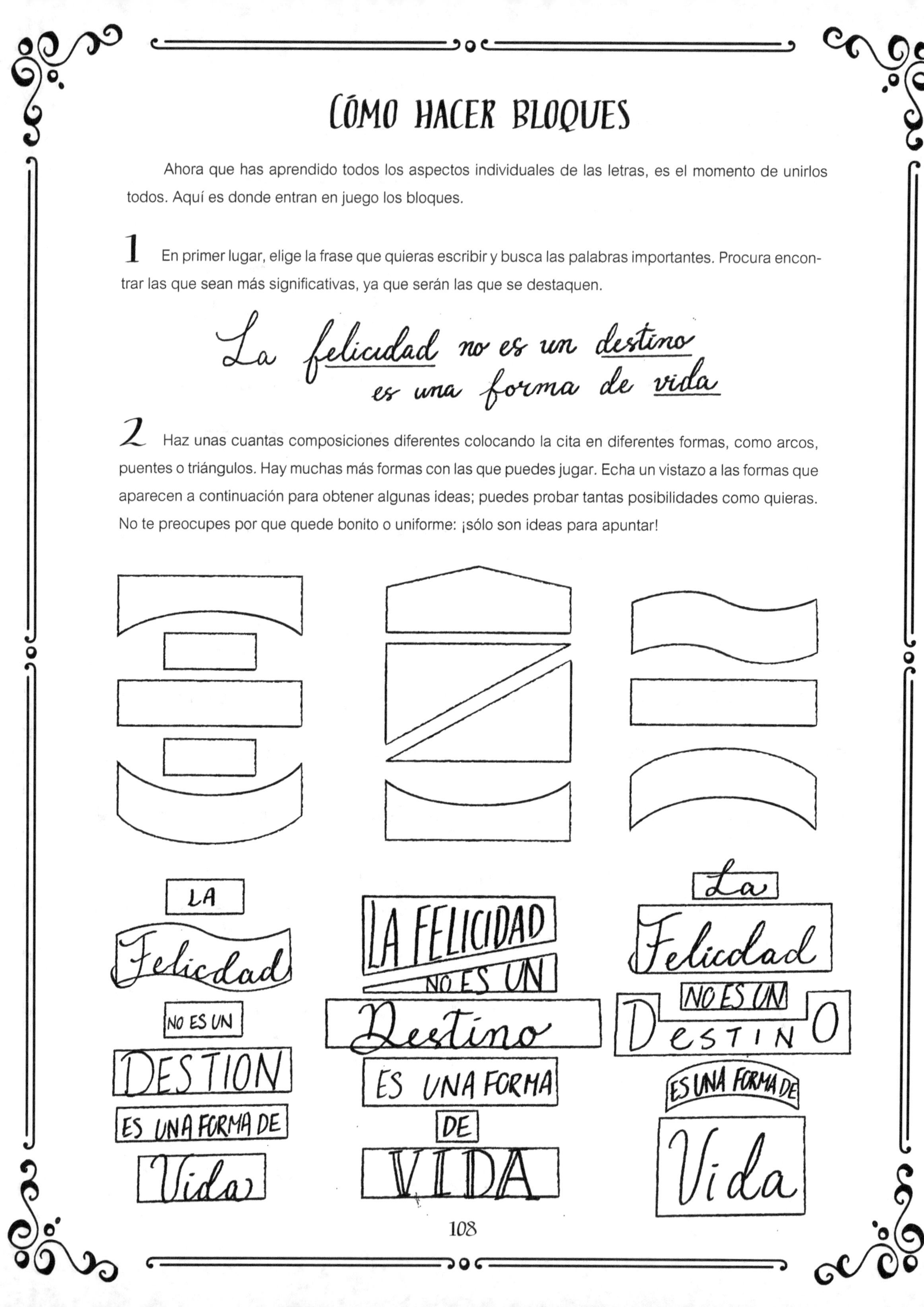

2 Haz unas cuantas composiciones diferentes colocando la cita en diferentes formas, como arcos, puentes o triángulos. Hay muchas más formas con las que puedes jugar. Echa un vistazo a las formas que aparecen a continuación para obtener algunas ideas; puedes probar tantas posibilidades como quieras. No te preocupes por que quede bonito o uniforme: ¡sólo son ideas para apuntar!

3 Una vez que hayas hecho algunos bocetos, selecciona tu favorito. Con un lápiz, una regla y una nueva hoja de papel, dibújalo otra vez, de manera que todo sea uniforme y consistente. Agrega las referencias que quieras: una línea central es muy útil para el centrado de las letras. También puedes añadir líneas directrices para alinear las letras a la derecha o a la izquierda.

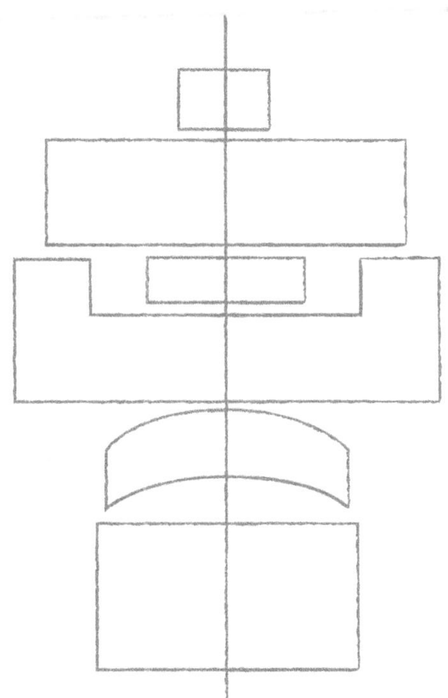

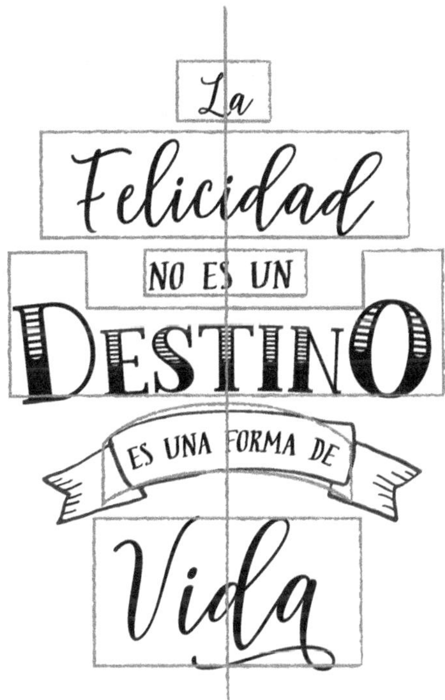

4 Escribe la cita en los bloques respectivos con el estilo de letra que prefieras. También deberías hacer primero un esbozo de tu diseño a lápiz, ya que es posible que quieras seguir haciendo cambios hasta que hayas encontrado tu diseño perfecto.

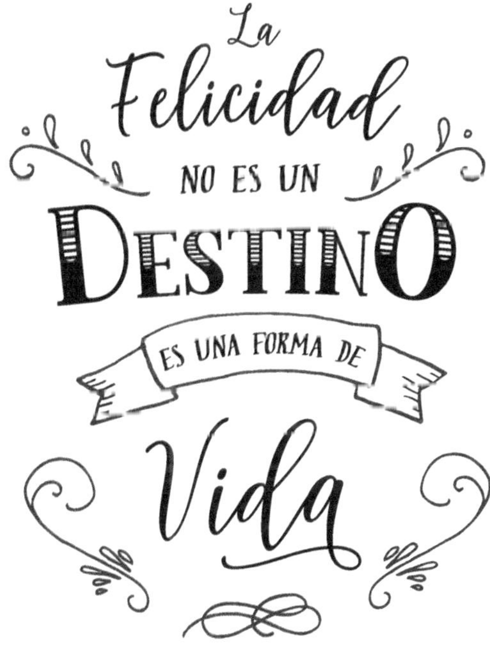

5 Añade cualquier adorno o floritura que desees, y termina todo con tu herramienta final. Borra las directrices o marcas de lápiz que aún sean visibles. Ahora, ¡a celebrar! ¡Tienes un diseño completo!

Desafío de doce días de letras

Una parte importante de aprender a escribir a mano es practicar mucho. Puede ser difícil seguir adelante y tener tus propias ideas, por eso, esta sección está aquí para ayudar a familiarizarte con todos los aspectos del lettering.

Aunque constituye un reto diario, es comprensible que a veces la vida se interponga en tu camino. Si eso ocurre, ¡tómatelo con calma! No es necesario que hagas todo el diseño en un día, pero al menos practica algunas partes o escribe la cita en un estilo de letra concreto. ¡Lo más importante es crear un hábito de práctica diaria!

Cada frase tiene un diseño completo, una guía de trazado y espacio para dibujarla tú mismo. ¡Algunos de los diseños más difíciles tienen un área extra para calcar y practicar!

Día 1: Nunca pierdas la esperanza

Esta es una muy buena forma de empezar. No pierdas la esperanza al practicar: ¡cada vez que pones un bolígrafo sobre el papel, mejoras!

Esta frase la haremos con estilo de falsa caligrafía, por lo que lo mejor es utilizar un bolígrafo o un rotulador de punta rígida. Pero si te sientes muy seguro de ti mismo, ¡podrías utilizar un rotulador con punta de pincel!

Al escribir esto, lo más fácil será dibujar primero las palabras clave, "never" y "hope".

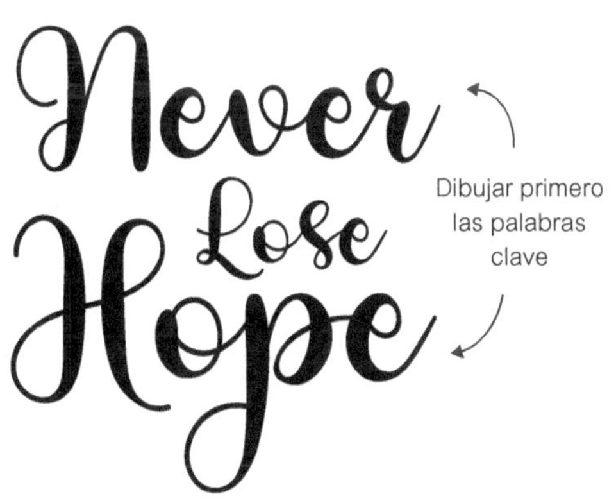

(Nunca pierdas la esperanza)

Traza el diseño aquí

¡Practica de nuevo aquí!

Día 2: Agradece lo que tienes

La frase de hoy la haremos con brush lettering. Con este diseño, fíjate en las variaciones de las letras <u>C</u>oun<u>t</u> you<u>r</u> <u>B</u>lessin<u>g</u>s. ¡Deberás calcar y practicar más estas diferencias!

No obstante, en caso de querer cambiarla, ¡experimenta! Selecciona una palabra clave diferente y prueba algunas variaciones para que sea única.

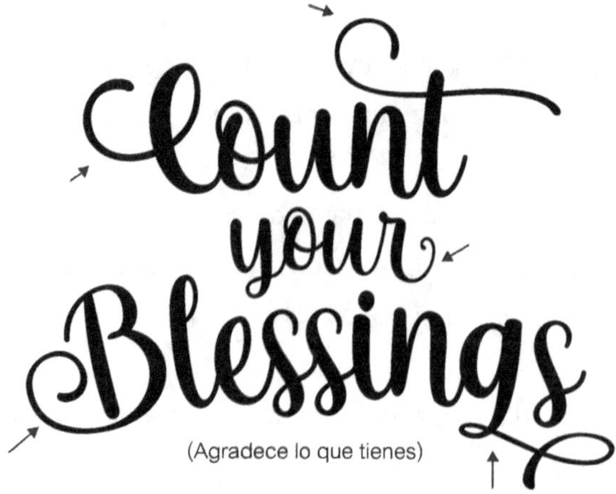

(Agradece lo que tienes)

¡Observa la variación donde apuntan las flechas!

¡Practica de nuevo aquí!

Día 3: El amor nunca falla

Hoy utilizaremos dos estilos: serif y falsa caligrafía. Emplea un buen bolígrafo o rotulador, y dispón de una regla que sirva de guía para el dibujo. Observa que la fuente serif tiene una pequeña variación, que añade rizos en algunas partes de la letra. Este diseño contiene algunos adornos y remolinos, ¡aunque puedes añadir los que quieras!

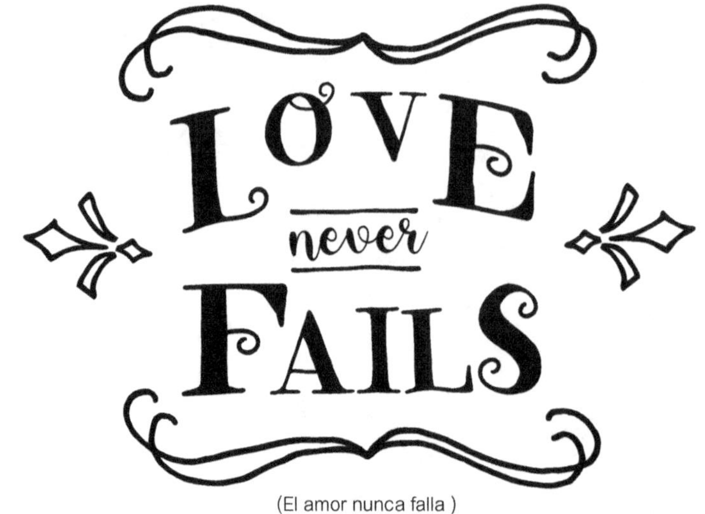

(El amor nunca falla)

L

O

E

F

S

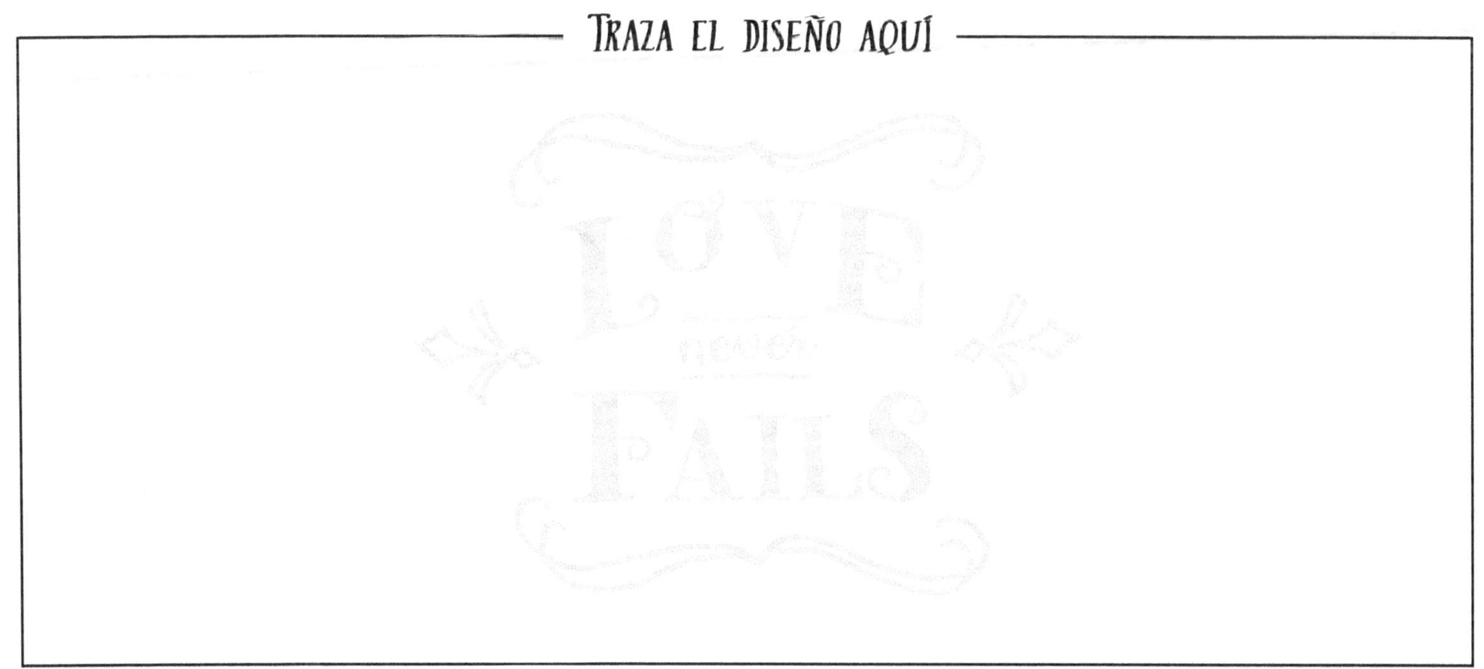

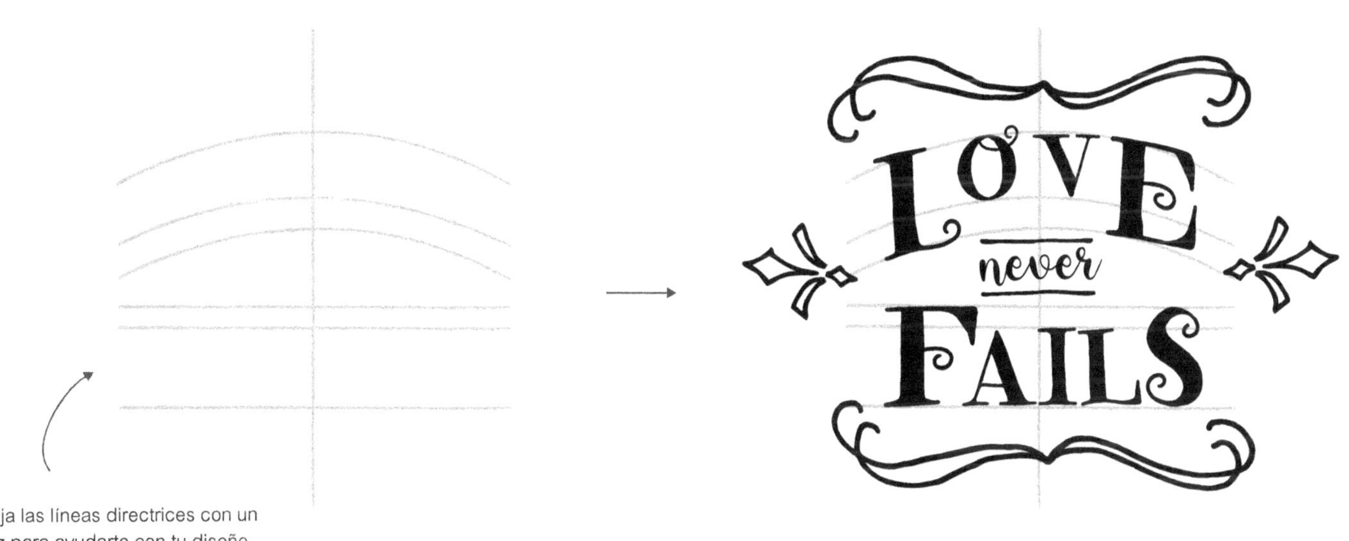

Dibuja las líneas directrices con un lápiz para ayudarte con tu diseño.

Día 4: Elige la amabilidad

¡El estilo de hoy es monolínea! Debes utilizar un bolígrafo o un rotulador que te proporcione un trazo uniforme.

Este diseño no es muy complicado, aunque los detalles adicionales pueden ser algo engañosos. ¡Continúa practicando y lo conseguirás en poco tiempo!

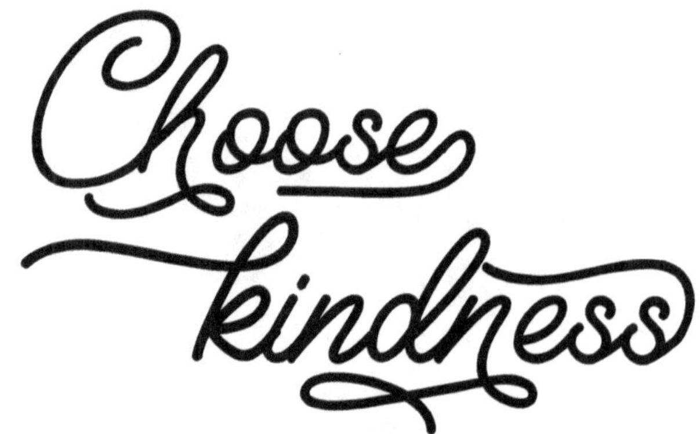

(Elige la amabilidad)

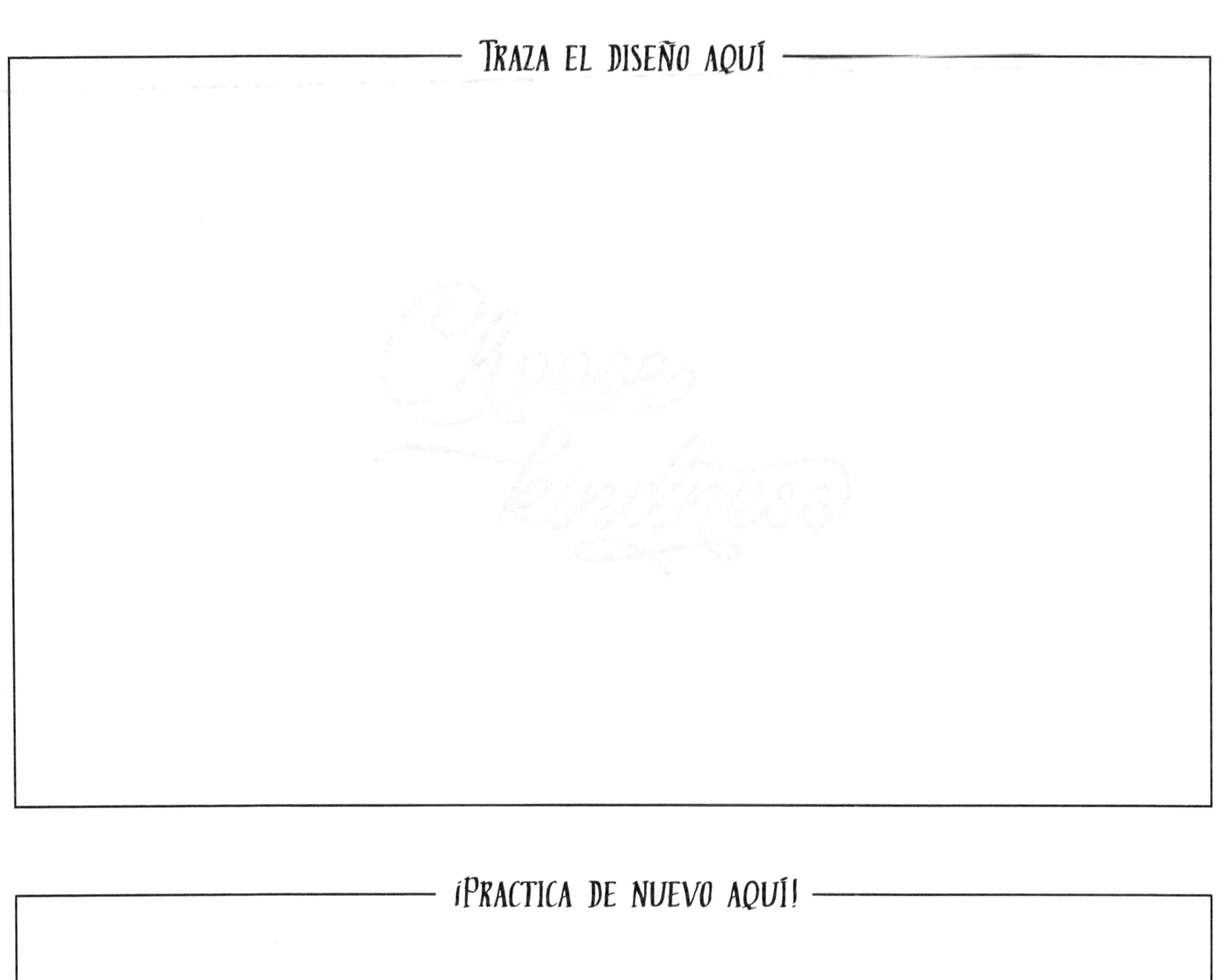

— ¡Practica de nuevo aquí! —

Día 5: Lucha por el éxito, no por la perfección

¡Este es un hermoso recordatorio! En este diseño se combinan las letras sans serif y brush lettering, por lo que necesitarás buenos instrumentos de dibujo, como un bolígrafo y un rotulador. Hoy también incluye una banderola, así que deberás dedicar algo más de tiempo a practicar este diseño.

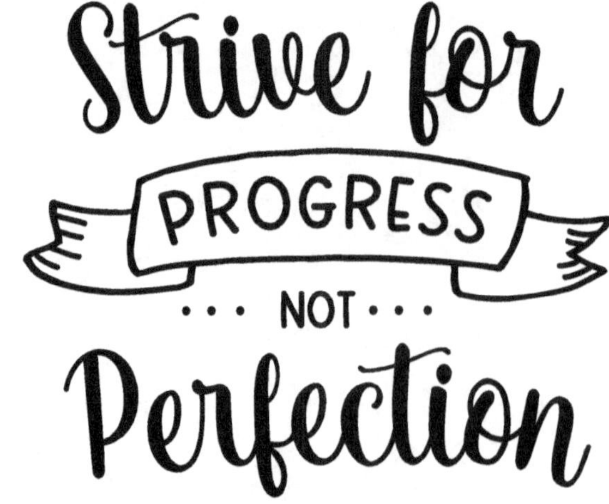

(Lucha por el éxito, no por la perfección)

Traza el diseño aquí

¡Practica de nuevo aquí!

Día 6: Ten valor y bondad

¡Ya has recorrido la mitad del camino! Para el diseño de hoy puedes emplear la falsa caligrafía o el brush lettering, lo que tú desees. En caso de que quieras practicar ambos estilos, coloca papel de calco sobre las páginas ¡y practica dos veces!

Como siempre, utiliza un bolígrafo o un rotulador para la falsa caligrafía o un rotulador con punta de pincel para el brush lettering. Al escribir esta frase, dibuja primero las palabras clave "courage" y "kind", y después dibuja todo lo demás alrededor de ellas.

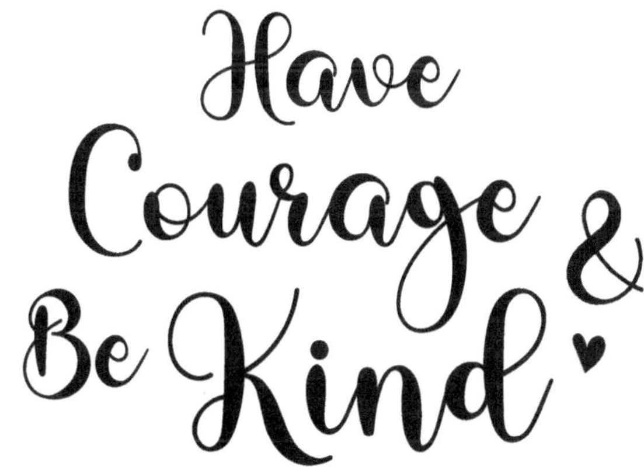

(Ten valor y bondad)

Traza el diseño aquí

¡Practica de nuevo aquí!

Día 7: La felicidad está en el hogar

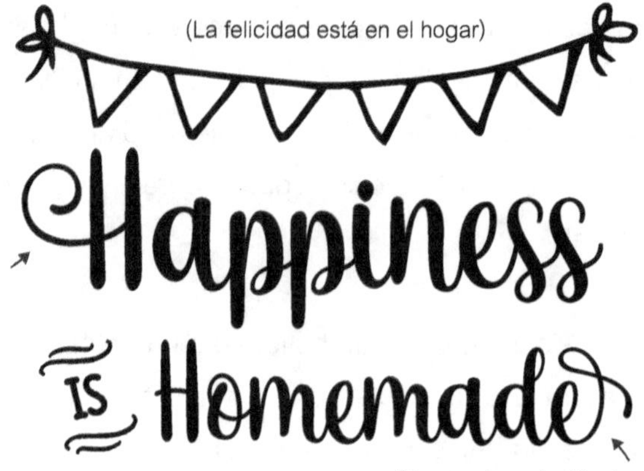

La frase que presentamos hoy está en su mayoría realizada con brush lettering y un poco dibujada con letras sans serif. ¡Sería conveniente contar con un instrumento de precisión para el cartel decorativo! Observa la variación de las letras en Happiness is Homemade.

Traza el diseño aquí

¡Practica de nuevo aquí!

Día 8: Las estrellas no brillan sin oscuridad

Este día, harás letras en estilo serif y falsa caligrafía o brush lettering, como tú decidas. Para las primeras, utilizaremos bolígrafos o rotuladores y para las segundas, un rotulador con punta de pincel. Es un diseño que te llevará un poco más de tiempo, ¡pero el esfuerzo valdrá la pena! Tómate el tiempo que necesites y disfruta del proceso.

(Las estrellas no brillan sin oscuridad)

¡Practica de nuevo aquí!

Traza el diseño aquí

Día 9: Disfruta las pequeñas cosas

¡Ya estás en la recta final del desafío! Este diseño está hecho principalmente en falsa caligrafía y brush lettering, y con una pequeña palabra en sans serif. Selecciona el estilo que desees aplicar y emplea los instrumentos apropiados. Se han usado remolinos y hojas para embellecerlo, ¡pero no dudes en usar lo que tú quieras para adornarlo!

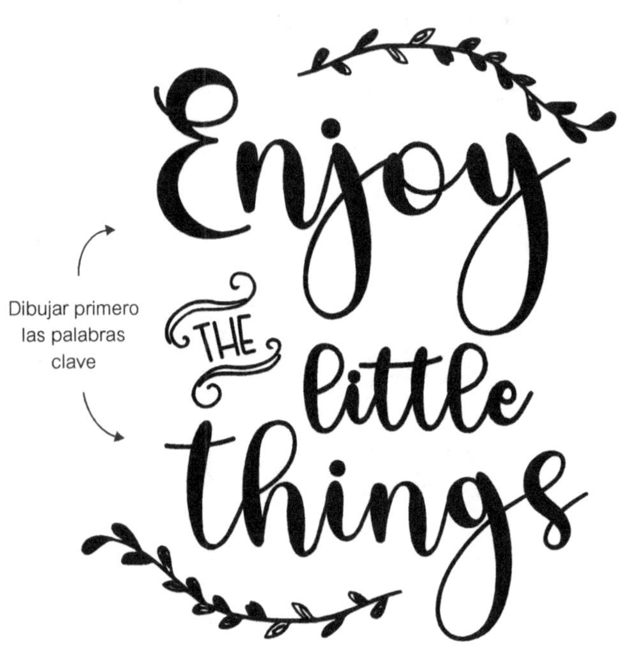

(Disfruta las pequeñas cosas)

Traza el diseño aquí

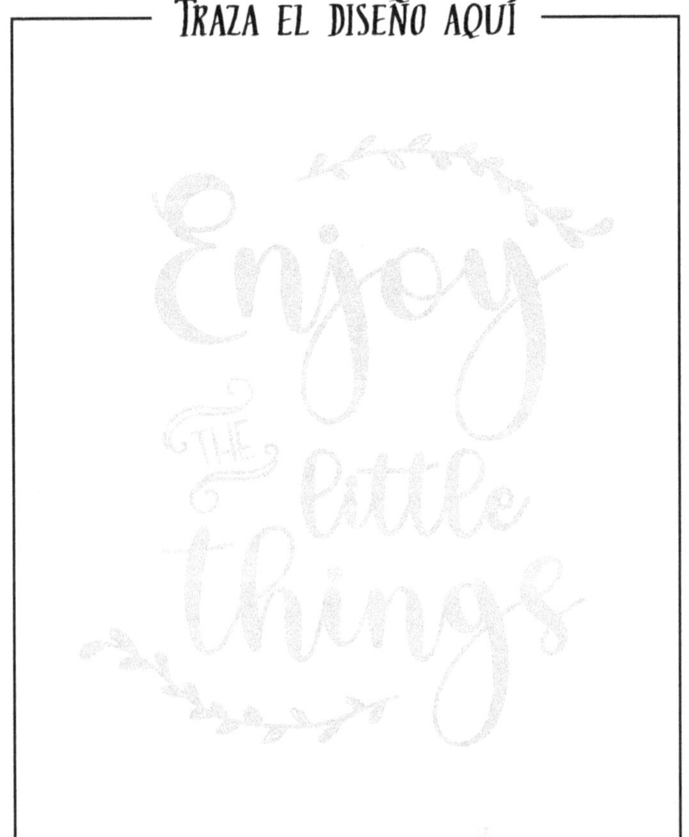

Día 10: Siente tu interior

(Siente tu interior)

¡El estilo del día de hoy es el monolínea! Usa un bolígrafo o un rotulador que cree trazos limpios. Esta frase es bastante sencilla, aunque debes prestar atención a las variaciones más complicadas de las letras: Fee_l Yo_ur Sou_l.

Traza el diseño aquí

¡Practica de nuevo aquí!

Día 11: La risa es la mejor terapia

La frase de hoy combina los estilos sans serif y brush lettering. Para ello, hay que utilizar los instrumentos adecuados para cada uno de ellos. No te precipites con este diseño; ¡tiene muchas partes diferentes! Observa la banderola, las florituras y la variación de las letras en Laughter is the Best Therapy.

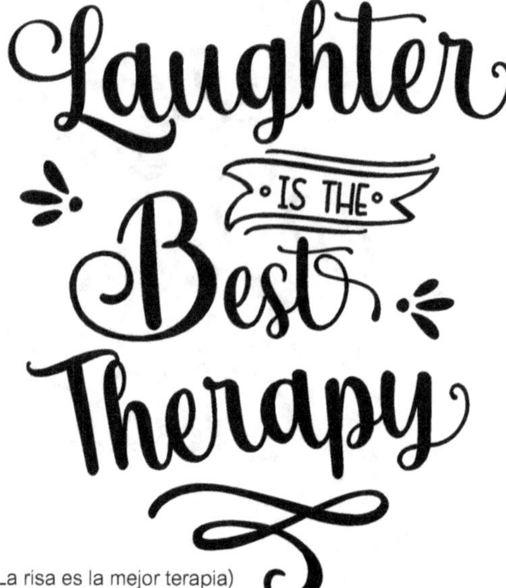

(La risa es la mejor terapia)

Practica con un lápiz o un bolígrafo en el estilo Monolínea.

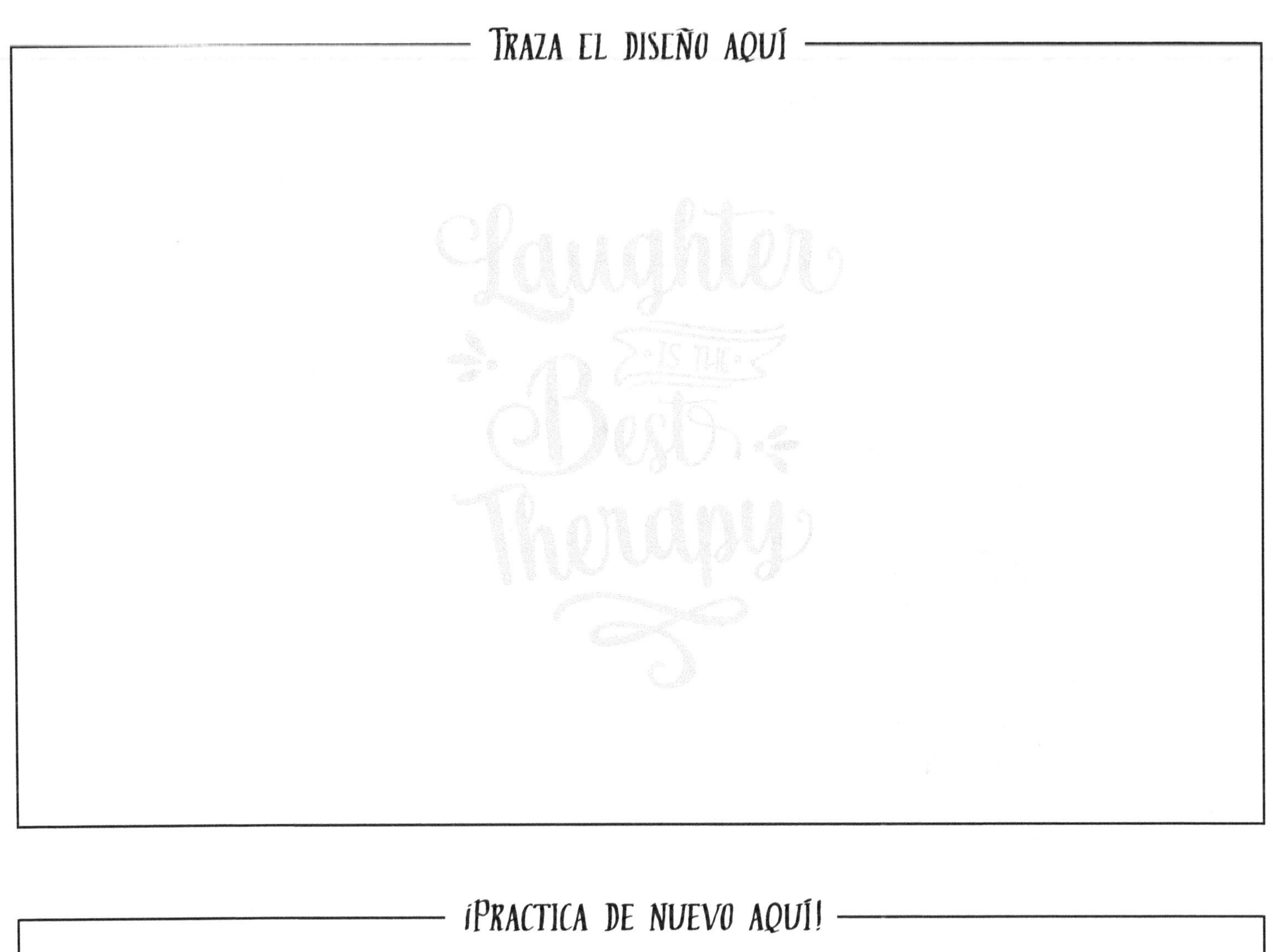

Día 12: Sueña sin temor

¡Felicitaciones, has llegado al último día! Una frase más y ya estarás en camino de realizar tus propios diseños.

En este caso, los estilos utilizados son brush lettering y sans serif. Lo más fácil será dibujar los trazos decorativos en torno la palabra "without " y agregar todo lo demás a su alrededor. ¡Agrega los adornos que quieras para terminar!

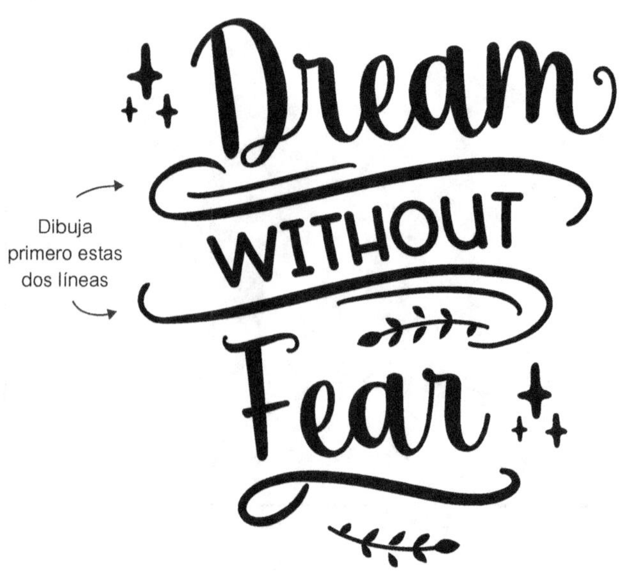

Dibuja primero estas dos líneas

(Sueña sin temor)

Traza el diseño aquí

Bono: Frases adicionales para practicar

¡Te felicito por llegar tan lejos en tu viaje por las letras! Con algo más de práctica, estarás en camino de ser un profesional de la escritura. A continuación, ¡encontrarás más frases para practicar!

Inspiración/Motzivación

Después de cada tormenta, hay un arcoíris.

La vida es una playa, disfruta de las olas.

Veo la magia en ti.

Las cosas buenas toman tiempo.

Tomando un poco de sol.

La vida es dura, pero tú también lo eres.

Sé la razón por la que alguien sonríe hoy.

Arroja bondad como si fuera confeti.

Date permiso para descansar.

Mantén el amor en tu corazón.

Eres capaz de hacer cosas maravillosas.

Amistad

Los amigos demuestran su amor en los momentos difíciles, no en los felices.

Un amigo es lo que el corazón necesita en todo momento.

Los verdaderos amigos están siempre juntos en espíritu.

Un amigo ama en todo momento.

Mejores amigos hasta el final.

No importa cuándo, ni dónde, siempre estaré ahí.

Cumpleaños

Que tu día sea tan maravilloso como tú.

Por otro año más de ti.

Hoy es mi día favorito del año.

Divertidas

Siempre llega tarde, pero vale la pena esperarle.

Dame café y nadie saldrá herido.

Los amigos te compran la comida. Los mejores amigos son quienes la comen.

Las malas ideas hacen las mejores historias.

Despiértenme cuando haya café.

La siesta es mi terapia.

Si solo la pizza fuera un alimento saludable.

Bodas

Sé nuestro invitado.

Y así, comienza nuestra aventura.

Nací para amarte.

Siempre fuiste tú.

Nos elegimos para siempre.

Por y para siempre.

Navidad

El amor nos mantiene a salvo.

Santa, por favor, detente aquí.

Alegría para el mundo.

Todo lo que necesitamos es amor y espíritu navideño.

Que caiga nieve.

Nunca hay suficientes galletas de Navidad.